# 정보시스템 전략과 계획

## 전략적 정보시스템을 통한 경쟁우위

박용태 지음

UUP.

정보시스템 전략과 계획

: 전략적 정보시스템을 통한 경쟁우위

■

- 2015년 07월 24일 **초판 인쇄**
- 2015년 07월 30일 **초판 발행**
- **지은이 박용태**
- **펴낸이** 오연천
- **펴낸곳 UUP.**(울산대학교출판부) 680-749 울산광역시 남구 대학로 93(무거동) 울산대학교 출판부
- 전화 (052)259-2488 팩스 (052)277-3011 ▪ **홈페이지** http://uup.ulsan.ac.kr
- **출판등록** 제370-1996-000001호(1996.3.13)
- ₩ 8,000



■

이도서의 국립중앙도서관 출판도서목록(CIP)은 e-CIP 홈페이지(http://www.nl.go.kr/ecip)에서 이용하실 수 있습니다.(CIP제어번호: CIP2015020289)

ISBN 978.89.7868.371.5 (93320)

# 머리말

오늘날 정보화시대의 기업과 조직은 업무효율성의 향상, 보다 나은 의사결정, 경쟁우위의 획득, 새로운 제품·서비스·비즈니스 모델 개발, 고객 및 공급업자와의 친밀한 관계 형성, 생존 등 갖가지 목적을 위하여 다양한 형태의 정보시스템을 사용하고 있다. 하지만 일찍이 많은 기업이 정보기술 생산성 역설(IT productivity paradox)을 관찰하고 경험하였듯이, 아직도 상당한 비율의 기업과 조직이 정보시스템으로부터 기대하는 효과를 누리지 못하고 있는 현실이다. 이러한 현상에 대하여 여러 가지 설명이 가능하겠지만 그 가운데 가장 설득력 있는 것은 효과적인 정보시스템 전략과 계획의 부재라고 생각된다.

기업과 조직은 존재 목적에 따라 목표를 설정하고 이를 달성하기 위하여 전략을 수립하며, 가용 자원을 활용하여 전략을 실행함으로써 목표를 달성하고자 한다. 하지만 기업과 조직의 목표와 전략, 그리고 정보시스템의 전략 및 계획이 잘 정렬되지 않으면 목표 달성이 어렵거나, 설사 목표를 달성할 수 있다하더라도 비효율적일 수밖에 없다. 따라서 보다 효율적으로 기업과 조직의 전략 실행과 목표 달성을 위해서는 기업과 조직의 목표와 전략을 바탕으로 한 정보시스템 전략과 계획의 수립 및 실행이 필수적이다. 그리고 효과적인 정보시스템 전략과 계획을 수립하기 위해서는 전략과 계획에 대한 개념을 명확히 이해하는 것이 선결조건이라 하겠다.

이 책은 비즈니스 전략과 계획, 그리고 정보기술·정보시스템 전략과 계획에 대한 개념과 시사점들을 상세히 설명하고 있으며, 기업과 조직의 목표 달성과 전략 실행 또는 경쟁우위 획득을 효과적·효율적으로 지원하는 전략적 정보시스템 개념과 사례들을 다루고 있다. 따라서 저자는 이 책을 통하여 독자들이 비즈니스 전략과 계획, 그리고 정보기술·정보시스템 전략과 계획에 대한 이해를 높일 수 있고 기업과 조직의 목표 달성을 지원할 수 있는 다양한 유형의 전략적 정보시스템에 대한 시야를 넓힐 수 있기를 기대한다.

끝으로 이 책이 출판되기까지 갖가지 형태로 도움을 주신 모든 분께 감사의 마음을 전합니다.

2015년 7월

박용태

# 목차

## 04 기업 전략과 전략적 정보시스템



## 05 전략적 정보시스템 사례

# 01 | 비즈니스 전략 개념과 IT/IS 전략 시사점

오늘날 대부분의 기업은 정보시스템 전략은 더 포괄적인 기업 및 비즈니스 전략 수립과 실행 과정의 맥락에서 설정되어야 한다는 것을 알고 있다. 나아가 기업(또는 조직)에 있어 정보기술과 정보시스템에 대한 투자는 기업의 목표와 계획 달성을 위하여 이루어져야 한다는 것이 강조되고 있다. 이러한 주장이 기업의 특정 전략을 성공적으로 실행하는데 정보기술과 정보시스템이 유일한 수단이라는 것을 의미하지는 않는다. 즉 정보기술과 정보시스템이 정보시스템의 활용이 없이는 불가능한 새로운 비즈니스 전략을 가능케 하는 성공 요인이라는 것을 강조하는 것이라 하겠다. 하지만 과거에 정보기술과 정보시스템에 대한 많은 투자가 기업의 목표와 관계없이 이루어졌다. 이러한 현상이 정보기술과 정보시스템에 대한 투자로부터 발생될 수 있는 많은 잠재적 효익을 기업이 빈번하게 실현하지 못하였음을 설명해 주는 이유 가운데 하나라고 할 수 있다. 기업이 정보기술과 정보시스템을 성공적으로 관리한다는 것은 기업 내에서 정보를 취득하고, 처리하고, 활용하는데 투자된 자원에 대한 수익을 극대화 하고, 최대한 경쟁우위를 획득하거나 경쟁적 위험을 격퇴하는 것을 의미한다.

따라서 기업의 관리자들이 정보기술과 정보시스템 전략의 수립 과정에 참여하는 것이 매우 중요하다고 하겠다. 즉 기업의 관리자들이 정보기술과 정보시스템 전략 수립 과정을 명확히 이해하는 것이 중요하다. 기업의 정보기술과 정보시스템 전략 수립은 기업의 주요 이슈와 관련지어져야 하며, 일반 관리자들이 잘 알고 있는 용어와 도구 및 기법과 사용하여 전략이 수립되어야 한다. 기업의 사업 계획을 수립하는 공식적인 방법들은 1950년대부터 사용되었으며, 그 이후로 다양한 방법과 도구 및 기법이 개발되었다. 기업의 사업계획과 전략 수립에 사용되는 방법과 도구 및 기법은 점차 복잡해지고 빠르게 변화하는 기업 환경에 대처하기 위하여 지속적으로 진화하리라 예상된다.

## 1. 전략의 진화적 본성과 조직의 전략적 계획

모든 기업(또는 조직)은 암묵적이거나 또는 형식적인 전략을 가지고 있으며, 기업 전략의 본질은 미래의 경쟁우위를 경쟁자보다 더 신속히 획득하는데 있다고 하겠다. 오늘날 우리가 알고 있는 공식적인 전략계획은 상대적으로 최근의 현상이며, 2차 세계대전 기간에 프로그램 계획과 예산 개발의 산물이라고 할 수 있다. 그리고 1950년대에 미국의 하버드 경영대학에 의해 선도된 일련의 사고(a stream of thought)가 여러 기능 부서를 통합하기 위하여 전반적인 기업 전략을 수립하는 것이 중요하다고 강조하였다.

1970년대에 Ansoff 등 학자들이 후기 산업시대에 기업의 문제를 해결하기 위한 전략적 계획의 실패를 인식하기 시작하였다. 이들 학자들은 공식적인 계획이라는 것은 기업에 전략적 변화를 가져다주는 아주 복잡한 사회 역학적 과정(socio-dynamic process)의 한 구성 요소에 지나지 않는다고 주창하였다.

Gluck과 동료들은 전략의 진화와 기업에서의 전략계획을 연구하고, 전략의 성숙도를 묘사하는 모델을 개발하였다. 1980년대 이래 산업계에 많은 변화가 있었지만 Gluck 등이 개발한 모델은 전략 개발과 실행에 대한 새로운 접근법의 필요성과 함께 핵심 이슈들이 어떻게 변해왔는가를 설명하고 있다.

Gluck 등의 전략적 경영 성숙도 진화(evolution of strategic management maturity) 모델에 따르면, 1단계의 주안점(focus)은 현금 흐름과 연간 재무계획에 있으며, 중기 예산안을 수립하기 위하여 상대적으로 간단한 기법들을 포함하고 있다. 이러한 실천(exercises)은 내부적으로 부서별로 행해지며, 통합된다. 1단계에서 계획의 주안점은 예산을 맞추려는 재무적 이슈를 위해 모든 것을 절약하고자 하는 것이다.

2단계의 주안점은 과거의 성과 분석과 내부적 추세 및 경제와 시장 연구 데이터와 같은 외부 변수를 사용하여 미래에 대한 예상을 참고로 하여 3~5년 기간 안에 발생할 가능성이 높은 것을 예견하고 전망하는 것이다. 즉 2단계의 주안점은 판매와 시장 성장을 전망하고, 수입과 지출에 대한 영향 및 대차 대조표에 대한 변화를 예측하는 것이다. 2단계에서, 목표로 하는 것과 가용한 자원 사이의 간극(gap)에 초점을 두면서 모든 계획은 아직 계량적(quantitative)이며 내부 지향적이다.

3단계에서 기업(또는 조직)은 잠재적인 위협을 평가하고 고려하여 경쟁우위 확보를 위한 위치 선정을 위하여 (처음으로) 기업이 속한 산업의 경쟁의 본질을 철저히 이해하기 위한 목적으로 외부 환경을 고려하여야 한다. 기업은 보다 매력적인 시장 분야에서 수요를 충족시켜 주기 위하여 제품 구성(portfolio)을 변경하거나, 기존의 제품과 서비스에 부가가치적인 기능을 추가하거나, 제품 단가를 현저하게 인하할 필요가 있다. 이런 각각의 상황들은 기업에 적합할 뿐 아니라 경쟁이 심한 시장의 압력과 요구를 충족시켜줄 수 있는 구매와 마케팅 방안을 통한 신제품 개발 필요성을 시사한다.

4단계에서 기업은 혁신에 의하여 주도되며, 적어도 어느 정도까지는 자신의 기업 환경을 창출할 수 있게 된다. 이 단계는 아직 기업의 제품과 경쟁적 입지가 매우 중요하지만, 이들이 오직 어느 한 시점에서만 중요하다는 것을 시사한다. 오늘날의 역동적인 비즈니스 환경에서 제품은 빠르게 진부하게(낡게)되며, 진정한 경쟁우위의 원천은 신제품과 지속적으로 향상되는 경쟁력을 통하여 변화하는 시장에 지속적으로 대응하는 능력이라고 할 수 있다. 기업의 가치관, 문화, 그리고 조직 구조가 산업에서 선도적인 역할을 개발하고 지속할 수 있도록 하는데 필요한 업무 프로세스와 핵심 역량을 강화시킴으로써 자사의 운명을 상당히 통제할 수 있도록 할 것이다. 물론 이런 선도적인 역할을 지속적으로 유지하기 위해서는 끊임없는 혁신이 요구된다.

일부 기업은 최소한 중요한 사업 부문에서 진정으로 창조적인 전략을 수립할 수 있지만, 이들 기업도 경쟁 환경을 관찰하고, 효과적으로 예상하며, 연간 이익을 창출할 수 있어야 한다. 기업이 전략적 경영의 성숙도에 있어 3단계와 4단계로 나아가는 것은 1단계와 2단계가 효과적으로 잘 다루어졌다는 것을 시사하며, 전략적 사고가 필요한 재무적 결과로 전환될 수 있다는 것을 의미한다. 2단계에서 3단계로의 나아가는 큰 변화는 외부적인 관점을 수용하고, 기업이 무엇을 하며, 경쟁 환경 하에서 이를 얼마나 잘하는가를 평가하는데 필요한 새로운 지식을 획득하는 방향의 재설정을 반영하는 것이다. 전략적 경영 성숙도 진화(evolution of strategic management maturity) 모델은 시간 의존적이지 않다. 즉 일부 기업은 후속 단계로 진화해 가지 않고, 계속해서 1단계에 머물러 있는 경우도 있다.

전략적 경영 성숙도 진화(evolution of strategic management maturity) 모델을 바탕으로 아래와 같이 전략적 경영 이슈의 변화하는 본질에 대하여 몇 가지 살펴보는 것도 의미가 있다고 하겠다.

▸ 비록 좋은 의도로 하지만 정보시스템과 정보기술 전략 개발은 종종 비즈니스 전략 구축에 사용되는 접근법에 뒤처지는 경향이 있다. 기업이 전반적으로 3단계 또는 4단계에서 관리를 하는 것이 당연시 되지만, 정보시스템과 정보기술 전략에 대한 접근법이 실제로는 1단계(현재의 프로젝트 계획과 연간 IT 예산이 계획을 주도함) 또는 2단계(가능성이 높은 수요 예상에 근거하여 미래에 필요한 자원 계획을 세우는 IT 관리)에 머물러 있는 경우가 있다. 이런 현상이 일어나는 경우에 정보기술 부서는 기업에 있어 "다른 세상에 사는 존재"로 종종 비춰지며, 급격히 변화하는 환경에 효과적으로 대응할 수 없게 된다. 따라서 정보시스템과 정보기술 전략 수립 과정과 사고를 실제 환경의 압력 및 요구사항과 재정렬하는 것이 중요하다고 하겠다.

▸ 1990년대 초반에 불황이 심화되자 많은 기업들이 실제적으로 성숙도 커브에서 회귀하여 단기 재무적 생존에 초점을 맞추도록 강요당하기도 했다. 예를 들면, 영국에서는 정부 정책이 국영기업의 민영화를 촉진하게 됨에 따라 많은 기업들이 연간 재무성과에 바탕을 둔 아주 단기 계획을 수립하기도 하였다. 이에 따른 결과로 아마 장기계획을 수립했을 많은 국영 및 사기업들이 연간 단위로 재무적성과 향상을 추구하기도 하였다. 이런 현상은 종종 12개월 안에 쉽게 가시적인 성과(향상)를 낼 수 없는 투자 계획에 영향을 미쳤다.

▸ 1990년대에 비즈니스 환경이 과거 어느 때보다 빠른 속도로 바뀌

면서 불확실성을 증대시켰으며, 비즈니스 환경에 대한 예상을 더욱 어렵게 만들었다. 상대적으로 안정적인 몇몇 산업을 제외하고, 과거를 미래의 추세에 대한 믿을만한 지표로 이해하는 것이 더 이상 가능하지 않게 되었다. 1990년대는 역사상 가장 오랜 기간 동안 지속적인 경제 성장을 구가하였지만, 세계화의 확대, 빠른 기술적 발달과 점차 수준 높은 고객은 전략적 경영 성숙도 진화(evolution of strategic management maturity) 모델의 3단계와 4단계에 능숙하지 못한 기업은 몹시 어려움을 겪었다는 것을 의미한다. 미국의 Sears와 같은 기업도 소매 의류시장을 이해하고 예상하는 것이 점차 어렵다는 것을 깨닫게 되었다. 1980년대 이후로 주주들은 보다 확실하고 높은 수익을 요구하게 되었고, 미래의 예상에 대한 불확실성이 증대됨으로 인해 기업의 전략적인 계획 수립을 더욱 어렵게 만들었다. 따라서 이런 현상 역시 경영자들이 단기적 재무성과에 집중하고 보다 빈번하게 전략 수정을 하게 함으로써 계획의 시간적 범위를 단축시켰다.

- 1990년대 후반에 인터넷의 상용화와 정보기술의 비용 감소는 기업들이 새로운 시장을 개척하고 신제품과 서비스를 제공하기 위한 "새로운" 전략을 수립할 수 있는 많은 기회를 제공하였다. 이러한 변화하는 환경에서 일반적으로 일어나는 현상이듯이 많은 기존의 대형 기업들이 보다 창조적이고, 덜 위험적으로 기업 전략을 수정하는 것이 쉽지 않았다. 대부분의 전개된 "신경제" 상황은 기업 조직의 전통이나 기존의 정보시스템과 정보기술이 없는 소위 닷컴(dot.coms)이라고 불리는 신생 기업에 의하여 시작되었다. 그렇지만 이들 신생 기업들은 1~3단계에서 습득할 수 있는 아주 경쟁이 치열한 시장과 산업에서 성공하기 위하여 필요한 충분한 조직적 역량을 갖추지 못하였다. 그러나 정보기술의 혁신적인 응

용을 통하여 새로운 경쟁자가 빠른 속도로 출현하게 됨에 따라 많은 보수적인 기업들이 정보시스템과 정보기술에 대한 신속한 투자는 기업의 전략을 향상시킬 수 있거나, 적어도 정보시스템과 정보기술에 대한 투자가 부족하면 불리한 위치에 놓이게 된다는 것을 깨닫게 되었다. 전자상거래의 도래가 마침내 최고경영자들이 정보기술의 중요성을 깨닫게 하였다고 말하는 것이 너무 단순할지 모르지만, 2000년 조사에 의하면 기업의 주가가 기업이 전자상거래 전략이 있는지 여부에 의하여 크게 영향을 받았다는 것을 보여주고 있다.

### 1) 전략(Strategy)과 계획(Planning)

Mintzberg는 "전략적 계획"이 "전략적 사고"는 아니라고 주장한다. 그는 기업이 계획과 전략의 차이를 이해할 때 전략수립 과정이 어떠해야 하는지로 회귀할 수 있다고 한다. 즉 관리자들이 다양한 원천으로부터 배우는 것을 자신의 것으로 만들며, 이러한 학습을 바탕으로 기업이 추구해야 할 비전의 방향을 제시할 수 있게 된다.

Hamel은 계획은 발견이 아니라 프로그램(과정)이며, 전략 수립은 민주적이어야 하며 고위관리자들만의 영역이 아니라고 주장한다. 전략수립의 창조적인 본성을 염두에 두고 Hamel은 기업이 정보시스템과 정보기술 전략을 수립하고자 할 때처럼 우리는 출발점에서 종착점을 볼 수 없다고 주장한다.

Porter는 많은 기업들이 운영적 효과성(operational effectiveness)과 전략을 혼동하고 있다고 시사한다. 기업이 운영적 효과성(operational effectiveness)이 필요하다는 것을 부인하지는 않지만 그는 운영적 효과성이 필요조건이지 충분조건은 아니라고 주장한다. 운영적 효과성이란 유사한 활동을 경쟁사보다 더 잘 수행하는 것을 의미한다. 반대로 전략적 포지셔닝(strategic positioning)은 경쟁사와는 다른 활동을 하거나, 다른 방법으로 유사한 활동을 수행하는 것을 의미한다. 이는 전략은 전략적 계획의 결과가 아니라 여러 과정(processes)의 산출물이라는 것을 시사한다. 따라서 Porter는 전략을 장기적인 안녕과 경쟁사에 비하여 기업의 능력을 증가시키려는 목적의 통합된 행위로 정의하고 있다.

본질적으로 서로 밀접한 관계를 가진 세 개의 프로세스가 앞서 정의된 전략 수립에 기여한다.

- ▶ 전략적 사고(strategic thinking) : 창의적이고 기업가 정신이 깃든 통찰력 배양
- ▶ 전략적 계획 : 행동 계획을 수립하기 위한 체계적이고 포괄적인 분석
- ▶ 기회주의적인 의사결정 : 예상치 못한 위협과 기회에 효과적인 대응

상기의 어느 하나 또는 모두를 습득하기 위하여 비즈니스 환경, 압력집단, 이해당사자와 기업의 역량에 대한 철저한 이해가 요구된다. 응집력 있는 계획, 예리한 사고와 기민한 기회주의의 효과적인 결합이 아마도 전략적 경영(strategic management)을 가장 잘 표현하는 것이라 할 수 있다. 전략적 경영은 전략 수립뿐 아니라 전략의 실행과 적응을 포함한다.

상기의 주장에도 불구하고 기업은 전략 수립과 전략적 의사결정을 유도할 수 있는 프레임워크가 필요하다. 사실 도구와 기법들이 전략적 사고, 비전, 그리고 혁신전인 전략을 수립하는데 필수적인 사고를 촉발시키는데 유용하게 사용될 수 있다.

## 2. 전략적 프레임워크

경쟁사 분석, 기존 제품 구성의 강점 또는 다른 행동 방침의 상대적인 장점과 같은 특정 전략적 사안에 초점을 맞추기 위하여 전략 수립을 위한 여러 분석 기법이 사용되고 있다. 하지만 이러한 기법과 도구가 적용될 수 있는 상황인 "전략적 프레임워크"는 아주 광범위하다 하겠다. 전략적 경영 성숙도 진화(evolution of strategic management maturity) 모델의 3단계와 4단계에 속한 기업은 성공하기 위하여 "전략적 프레임워크"의 모든 측면을 고려하여야 한다. 전략적 프레임워크는 세 개의 계층(외부 환경, 압력 집단과 이해관계자, 내부 비즈니스 전략 수립 및 계획)에서 비즈니스 전략적 경영과 관련된 요소들을 고려하여야 한다.

- 외부 환경
- 압력 집단(pressure groups) 및 이해관계자(stakeholders)
- 내부 비즈니스 전략 수립과 계획

이들 요소들이 미치는 영향을 분석하고 적절한 전략을 수립하는데 사용될 수 있는 접근법과 수단들을 설명하기 전에 이들 각각의 요소들에 대하여 아래와 같이 간략히 설명하고자 한다.

### 1) 외부 환경

기업은 광의의 외부 환경 속에서 운영되며, 기업 전략 수립의 초기 단계에서부터 외부 환경의 여러 측면이 철저히 분석되고, 이해되고, 해석되어야 한다. 지속적으로 중요성을 가지며 대부분의 산업과 기업에 관련이 있는 여섯 가지의 요소들이 여기에서 고려된다.

이들 여섯 가지의 환경적 요소들은 PEST(Political, Economic, Social and Technological) 분석을 사용하여 전략적 사고의 초기 단계에서 일반적으로 함께 고려된다. 일반적으로 표준 PEST 분석에 있어 법적인 요소들은 정치적 요소들에 포함되며, 생태 환경적 요소들은 사회적 요소들에 포함된다. 이들 여섯 가지 요소들은 이들이 변화하는 속도와 이들이 점차적으로 "글로벌" 비즈니스 시장에 끼치는 영향 때문에 매우 중요하다. 기업은 이들 요소들을 신중하게 관찰함으로써 중요한 비즈니스 기회를 포착하거나 잠재적인 위협을 확인하고 늦지 않게 조치를 취함으로써 이들 위협의 영향을 줄일 수 있다.

(1) 경제적 요소

통화주의와 자유시장 경제로의 변화는 19070년대까지 예상되지 않았다. 하지만 이는 오늘날 서방세계뿐만 아니라 동유럽, 예전의 소련 연방국가들, 중국 그리고 예전의 공산국가를 나타내는 특징으로 자리매김하고 있다. 아주 저렴한 비용으로 다른 국가들로부터 원자재를 구매할 수 있는 기회가 증대되듯이 오늘날 기업들이 가지는 더 많은 무역(교역)의 기회들을 부정할 수 없다.

서방의 재정체계에 미치는 제3세계 부채의 영향과 커다란 무역수지 흑자를 내는 새롭게 산업화되고 있는 국가들의 활기에 넘친 성과는 서방국가들이 극동지역 국가들에 그들의 관심을 집중하게 하였다. 하지만 1990년대에 아시아의 "호랑이" 경제들 가운데 몇몇 국가는 점증하는 자유무역의 요구에 효과적으로 적응하지 못함으로 인하여 야기되는 재정과 통화 문제 때문에 심각한 침체기(불황)을 겪기도 하였다. 이들 여러 국가의 자국 시장에서의 보호무역주의는 초기에 진정한 경쟁력이 부족한 것을 잘 감출 수 있도록 하였다. 이러한 결과로 정치적 안정으로 인하여 새로운 시장 및 원재료 공급처로서 기업들이 동유럽3에 기대를 걸고, 점차 라틴아메리카를 매력적인 곳으로 고려하게 되었다.

다른 통화(화폐)의 상대적 강세, 물가상승률(inflation rates), 금융시장 이자율(money market rates), 그리고 세금 제도는 글로벌 비즈니스를 하는데 점차 복잡한 난제들을 제시하고 있다. 이들 요소들이 기업이 어디에 투자를 할 것이며, 어디에 새로운 시장을 개척할 것인지, 그리고 어디에서 이익을 창출할 것인가에 대한 의사결정에 영향을 미친다.

인터넷의 상용화와 산업의 재편으로 인하여 "구경제(old economy)"의 논리는 더 이상 설득력이 없으며 경제의 "법칙(rules)"이 변화되고 있다고 일부 학자들이 주장하였다. 하지만 일부에서는 이러한 현상은 "새 천년의 도취감(new millennium euphoria)"에 기인한 것이며, 실체적인 증거나 분석에 의한 것은 아니다 라고 주장하기도 하였다. 하지만 신경제 주식에 대한 투자는 하이텍(high-tech) 회사의 일시적인 인기를 초래하기도 하였다. 일부 투자자들은 고위험(high-risk) 선물에 과도한 투자를 하여 어려움을 겪기도 하였다. "3세대" 이동통신 서비스를 위하여 통신회사들에 의하여 지불된 라이센싱 요금(licensing fees)으로 인하여 이들 회사들은 기존의 서비스로부터의 수입이 줄어들게 됨에 따라 많은 부채에 시달리기도 하였다. 예를 들면, 영국의 통신 및 기술 회사인 Marconi는 예상했던 폭발적인 성장이 실현되지 않음으로 인한 참담한 결과로 인하여 자사의 비즈니스를 "구경제" 활동으로부터 "신경제" 활동으로 재편성하기도 하였다.

최근에는 세계적인 불황을 타개하기 위하여 미국과 유럽연합, 일본 등 주요 국가들이 금리 인하를 통한 통화완화 정책과 정부 주도의 환율 정책을 바탕으로 경기 회복을 꾀하고 있다. 이러한 현상은 한국과 같은 수출 주도형 경제를 가진 국가들에게 어려움을 안겨다 주고 있으며, 많은 국가들이 경제 활성화를 목적으로 지속적인 금리 인하뿐만 아니라 환율 전쟁도 불사할 태세를 보이고 있는 등 세계 경기를 예측하는 것이 한 층 더 어려워지고 있다.

(2) 사회적 요소

사회적 환경은 기업의 전략과 전략적 선택에 커다란 영향을 끼칠 수 있다. 예를 들면, 노령 인구의 증가, 1인 가구의 증가 등과 같은 사회적 현상 등은 기업에 여러 가지 문제점과 기회들을 제공하고 있다. 늘어가는 국민의 수명으로 인하여 연금이나 노인건강관리 서비스에 대한 수요가 증대되고 있다. 일부 학자들은 1988년에 서유럽에서 태어난 어린이들 가운데 많은 비율이 100세까지 살 수 있을 것이라고 예상하기도 한다. 이와 마찬가지로 우리나라에서도 100세 수명시대가 먼 미래의 이야기가 아니라고 공공연히 얘기되고 있으며, 이러한 장수시대 현상의 영향은 상당히 클 것으로 예상된다. 따라서 정부는 과세대상 노동력이 줄어듦에도 불구하고 많은 수의 은퇴자를 부양해야하는 책임과 맞서 싸워야 한다.

반면에 기업의 입장에서는 노령 인구의 취향에 맞는 여가와 소비자 소매업의 기회가 있기도 하다. 정보의 원천(information source)과 의사소통의 통로(channel of communication)로서 개인의 인터넷 접근(사용) 여부에 따른 사회적 소속(social inclusion) 또는 사회적 배제(social exclusion)라는 측면에서 정보기술은 그 자체로 "사회적 요소"가 되어버렸다. 경영철학자 Caharles Handy는 정보 소유자('information haves')와 정보 미소유자("information have-nots") 그리고 점차 주변으로 밀려나는(marginalized) 집단에 대한 사회적 시사점을 얘기하고 있다. 오늘날 많은 기업들이 기업의 사회적 책임에 대한 전략을 가지고 있다. Vodafone 그룹의 최고경영자는 자사의 고객층(customer base)를 확대하고, 지역적으로 확장하고 혁신적인 서비스를 개발함으로써 전세계적 책임감을 감당할 수 있는 global reach라는 목표를 달성할 수 있다고 말한다. 또한 그는

"우리의 고객들에게 우수한 서비스를 제공하는 것처럼 우월성을 추구하는 우리의 열정을 쫓는 것은 최고 수준의 사회적 책임을 다하는 것이다." 라고 말하고 있다.

(3) 법률적 요소

정보기술의 영향에 직접적인 대응으로서, 많은 국가에서 기업이나 국가기관이 개인의 정보를 개인의 이익에 반하여 부적절하게 사용하지 못하도록 하기 위하여 여러 가지 형태의 데이터 보호 또는 사생활 보호법을 제정하였다. 그렇지만 이들 사생활보호법이 다루는 범위가 국가에 따라 상당한 차이가 있다.

인터넷이 웹사이트 방문자들의 정보 검색과 소비 행태를 분석하는데 있어 전례 없는 기회를 제공하여 주기 때문에 인터넷은 사생활 보호와 관련된 여러 가지 사안들을 야기하였다. 예를 들면, 미국에서 가장 규모가 큰 인터넷 광고회사 가운데 하나인 DoubleClick사가 은밀하게 사람들의 웹서핑과 구매 습관(행태)에 대한 대량의 개인정보를 축적하는 행위에 대하여 사생활 보호 옹호자들이 이를 공개하라고 격렬히 항의하기도 하였다. 이는 아직도 많은 기업들이 자사가 수집한 데이터에 대한 활용에 있어 법적인 한계가 있다는 것은 알지 못하고 있다는 것을 보여주는 것이라 하겠다.

전자상거래를 통한 "전자적 거래(paperless trading)"의 법률적 지위(status)와 타당성(validity)은 각기 다른 국가의 법률이 해결해야 할 과제이며, 보다 더 일관성을 유지해야 할 부분이라고 하겠다. 인터넷 기반의 전자상거래는 소유권의 이전 시점, 구매에 따른 세금을 어디에 누가 지불하여야 하는 것인가에 관한 새로운 법률적 문제를 야기하였다. 또한 음반 산업은 인터넷 상에서 판매되는 물건(material)에 대한 지적재산권(intellectual property)과 로얄티(loyalties) 같은 보다 더 민감해지는 사안들을 해결하기 위하여 법에 호소한("go to court") 첫 번째 산업이 되었다. 컴퓨터를 기반으로 하는 사기행위가 빈번하게 발생하고 있으며, 개인과 기업에 엄청난 금액의 손실을 입히고 있는 것이 현실이다. 하지만 이러한 컴퓨터 기반의 사기행위를 발견하는 것이 어려울 뿐만 아니라, 많은 경우에 성공적으로 이들 사기행위를 기소하는 것이 거의 불가능 하다고 알려져 있다.

(4) 생태학적 요소

환경 보호를 위한 로비는 전 세계적으로 점차 목소리를 높여가고 있다. 서유럽 국가에서 "녹색"운동과 녹색정당의 출현은 환경을 보호할 필요가 있음을 점차 인식하고 있다는 명확한 신호이기도 하다. 이러한 현상은 상업포경(commercial whaling)과 원자력발전에서 수력발전으로의 회귀 같은 다양한 활동에 커다란 영향을 미쳤으며, 대체 전력공급원(sources of power)을 모색할 것을 강조하기도 하였다.

1990년대에 보다 더 급진적인 환경보호론자들인 소위 "생태-전사"들은 자신들의 활동 영역을 확대하여 사회, 경제적 이슈들에 대하여도 언급하기 시작하였다. 또한 Reclaim of the Streets 운동은 경제적인 목표를 추구함에 있어 정부와 기업의 환경과 사람에 대한 경시를 강조하기 위하여 도심에서 시위를 주도하기도 하였다. 수많은 시위자들이 세계무역기구 정상회담(the World Trade Organization summits)과 글로벌포럼(the Global Forum) 회의에서 글로벌 기업들에 의한 환경 파괴와 개발도상국 사람과 자원에 대한 착취를 중단할 것을 요구하기도 하였다. 시위자들을 동원하고 데모를 준비하기 위하여 인터넷이 사용되기도 하였다. 어떤 측면에서는 인터넷과 같은 정보기술이 세계 곳곳에서 조직적인 운동을 교묘히 획책할 수 있는 시위 활동을 가능하게 하였다. 예를 들면, 문자메시지가 유행했던 필리핀과 같은 국가에서는 정보기술이 전직 Joseph Estrada 대통령을 타도하는데 사용되기도 하였다. 그리고 2010년대 초반에 중동과 북아프리카의 튀니지, 리비아, 이집트 등에서 일어났던 민주화 물결 역시 인터넷을 이용한 정보의 빠른 확산 및 전파를 통해서 가능했다고 보도되기도 하였다.

기업에게 제약을 부과할 수도 있지만, 앞서 언급된 압력들이 기업의 연구와 개발 활동의 증대뿐 아니라 새로운 사업 기회를 야기할 수도 있다. 세계가 환경보호를 더욱 의식함으로써 수많은 일자리 창출과 함께 "지구를 구할 수 있다"라고 환경 단체들은 주장하고 있다.

(5) 기술적 요소

일반적으로 기술적 환경은 과거 어느 때보다 더 빠르게 변화하고 있으며 혁신적인 제품과 서비스를 창출하고, 새로운 방법으로 사업을 할 수 있는 방법이 가능하게 하였다. 이러한 변화의 과정에서 "옛"제품은 보다 빠르게 쓸모없게(시대에 뒤떨어지게) 된다. 지난 수십 년 간에 일어난 정보기술의 커다란 변화들을 살펴보도록 하자.

① 광섬유, 인공위성과 무선 네트워크 등 통신에서의 변화는 통신망의 대역폭(bandwidth)이 증가함에 따라 기업과 대중이 예전에 비하여 훨씬 빠르고 광범위하게 의사소통을 할 수 있도록 하였다. 이러한 현상은 비즈니스 활동의 강도(intensity)와 속도를 증가시켰으며, 효과적인 정보 교환과 사용을 가능하게 하였다.

② 컴퓨터와 소프트웨어의 가격대비 성능이 지속적으로 향상된다는 것은 누가나 다양한 정보자원에 손쉽게 접근할 수 있으며, 취득한 정보를 처리할 수 있는 능력을 가질 수 있다는 것을 의미한다. 이러한 현상은 개인들에게 효과적으로 힘을 부여하여 주는 것이며, 개인들이 과거에 비하여 훨씬 더 다양한 일들을 수행할

수 있으며, 보다 많은 사람들과 의사소통을 할 수 있도록 도와준다는 것을 시사하고 있다. 적절히 이용한다면 이러한 개인의 향상된 힘(능력)은 기업 또는 조직의 전략적 능력을 향상시킬 수 있으며, 노동력의 민첩성을 창조할 수도 있다. 반대로 이러한 능력이 잘못 관리되면 조직에 혼란을 초래할 수 있으며, 조직의 자원과 시간을 오용하는 결과를 초래할 수도 있다.

③ 컴퓨터가 점차 소형화되고 휴대성이 용이하게 됨에 따라 개인 사용자들이 컴퓨터 사용에 있어 점진적으로 책상에 국한되지 않고 있으며, 일부 기업이나 조직은 사무실의 필요성에 대하여 의문을 제시하기도 한다. 많은 기업에서 전통적인 사무실 개념이 단지 네트워크에 접속하고(plug-in) 다른 사람을 만나는 장소로 새로이 정의되고 있다.

④ 고객으로서 개인들이 대체재의 원천을 찾는 능력과 수많은 고객들의 구매 요구를 종합적으로 모으는 온라인 구매 집단의 출현은 분명히 여러 산업에서 구매자의 협상력을 증대시켰다.

⑤ 디지털 텔레비전의 출현은 사기업이 제공하는 서비스뿐만 아니라 정부기관이 주민에게 제공하는 서비스에 있어서도 다양한 선택권을 제공하게 되었다.

⑥ 최근에 문서와 이미지 처리(processing)에 있어 커다란 발전이 이루어졌다. 예들 들면, XML(eXtensible Mark-up Language)과 같은 새로운 표준은 스마트폰을 포함한 다양한 형태의 기기들이 여러 가지 형태의 디지털 이미지와 전자문서를 쉽게 전송하고, 볼 수 있도록 하였다.

⑦ 최근 정보통신기술 분야에서 많은 기업과 개인들의 관심을 불러일으킨 것 가운데 하나는 사물 인터넷이다. 사물 인터넷(Internet of Things: , 약어로 IoT)은 각종 사물에 센서와 통신 기능을 내장

하여 인터넷에 연결하는 기술을 의미한다. 여기서 사물이란 가전제품, 모바일 장비, 웨어러블(wearable) 컴퓨터 등 다양한 내장형(embedded) 시스템이 된다. 사물 인터넷에 연결되는 사물들은 자신을 구별할 수 있는 고유한 아이피(Internet Protocol: IP)를 가지고 인터넷으로 연결되어야 하며, 외부 환경으로부터의 데이터 취득을 위해 센서를 내장할 수 있다. 사물 인터넷에 연결된 모든 사물이 해킹의 대상이 될 수 있어 사물 인터넷의 발달과 보안의 발달은 함께 갈 수밖에 없는 구조라고 할 수 있다.

정보 기술 연구 및 자문회사 가트너에 따르면 2009년까지 사물 인터넷 기술을 사용하는 사물의 개수는 9억 개였으나, 2020년까지 이 수가 260억 개에 이를 것으로 예상된다. 이와 같이 많은 사물이 연결되면 인터넷을 통해 방대한 데이터가 모이게 되는데, 이렇게 모인 데이터는 기존 기술로 분석하기 힘들 정도로 방대해진다. 이것을 빅 데이터(Big Data)라고 부르며, 빅 데이터를 분석하는 효율적인 알고리즘을 개발하는 기술의 필요성이 사물 인터넷의 등장에 따라 함께 대두되고 있다.

외부 환경으로부터의 신호는 지속적으로 관찰되어야 하며, 이러한 신호는 기업이 미래에 공격적 또는 방어적 자세를 취할 수 있도록 신속하게 이해되어야 한다. 기업은 경영자들이 이러한 신호를 탐지하고, 이들 신호의 시사점을 이해하는데 도움을 주기 위한 확실한 데이터와 지금까지 설명된 여러 가지(경제적, 사회적, 법적, 생태학적, 기술적) 요소들에 대한 논평을 제공해주는 많은 공적 데이터베이스(public databases)와 온라인 정보 원천(information sources)을 이용할 수 있다. 이와 관련하여 기업이 직면한 커다란 문제는 적절하고, 최신의, 신뢰할 수 있는 정보를 위한 적절한 정보의 원천(information sources)을 찾는 것이다.

일부 예외적인 경우를 제외하면 개별 기업은 단지 외부 환경에 반응

(또는 대응)을 할 수 있지만, 자체적으로 외부 환경을 통제하거나 변화시킬 수 없다. 하지만 동일한 산업에 있는 다른 기업과 또는 공통의 관심사를 가진 다른 기업과 함께 집단을 형성하여 표준이나 프로토콜(protocol)의 제정과 같은 직접적인 행동 또는 간접적으로 동업조합(trade association)을 통한 효과적인 로비활동을 통하여 법률과 규정을 수정하거나, 법률과 규정에 영향을 미칠 수도 있다. 어떤 경우에는 대기업이 자사에 유리하게 사실상의(de facto) 표준을 제정함으로써 중요하고, 지속가능하고, 장기적인 경쟁우위를 확보할 수 있도록 외부 환경을 조성할 수도 있다.

### 2) 압력 집단과 이해관계자

기업은 외부 환경이라는 상황 하에서 활동을 하며 압력 집단과 이해관계자라는 두 세력의 직접적인 영향을 받고 있다.

압력 집단은 기업 또는 조직에 대한 수요 창출로 특징지어질 수 있다. 압력 집단은 기업이 그들의 존재와 그들이 기업에 영향을 미칠 수 있다는 것을 인식하기를 기대한다. 또한 압력 집단은 자신들의 독특한 관심을 충족시켜주기 위하여 기업이 적절한 반응(대응)을 하여줄 것을 기대한다. 압력 집단이 잘못 다루어지면 기업 또는 조직에 잠재적인 위협이 되지만, 반대로 이들이 기업 또는 조직이 활용할 수 있는 잠재적인 기회를 제공하기 때문에 기업은 개별 압력 집단과의 접점(또는 접촉)을 지속적으로 관찰하여야 한다.

이해관계자들은 기업에 대하여 직접적인 재무적 이해관계를 가지고 있으며, 기업이 창축한 부에 대하여 공정한 지분(몫)을 요구한다. 모든 이해관계자는 기업의 성공에 대하여 어떤 형태로든 물질적 그리고 재무적 혜택을 기대한다. 과거의 사례들을 볼 때, 가장 성공적인 기업들은 자사의 노력에 대한 보상을 더 많은 배당의 형식으로 이해관계자에게 나누어 줄뿐 아니라, 크게는 지역사회, 기업의 고객, 공급업자, 그리고 종업원에게 혜택을 나누어 주는 특징을 보여주었다. 기업의 이해관계자들에 대한 공정한 대우를 통하여 그들의 권익이 보호받을 수 있도록 하기 위한 법률이나 정부 정책이 점차 많이 도입되고 있다. 이는 최근에 정부에서 많은 금액의 유보금을 쌓아놓고 있는 기업들이 배당 또는 다른 형식을 통하여 투자자, 협력업체 등에게 기업의 성과를 나누어줄 것을 권고한 것에서도 잘 나타나고 있다.

주주, 고객 및 종업원과 같은 일부 집단은 압력 집단과 이해관계자 둘 다 될 수 있다는 것을 아는 것이 중요하다. 정교하고 발달한 계획수립 체계는 각각의 압력 집단을 충분히 고려하며, 계획수립 당시의 외부 상황에 따라 압력 집단들의 생각이 다를 수 있고 때로는 서로 상충되는 요구사항이 있다는 것을 기업은 인식하여야 한다. 경쟁이 치열한 환경 하에서는 외부 관계자의 요구사항을 이해하고 이에 대처하거나, 가장 효과적으로 요구사항을 예상하는 기업은 궁극적으로는 성공할 수 있을 것이다. 이들 외부 관계자들은 점차적으로 그들의 관심사와 관련 있는 보다 많은 정보를 기업이 그들에게 제공하여 주며, 보다 책임감 있게 되기를 요구하고 있다. 이와 마찬가지로 민영화 이후에 많은 공기업들 역시 외부 압력 집단과 이해관계자들의 요구를 수용해줄 것을 요구받고 있다.

### 3) 비즈니스 전략 수립과 계획 과정

외부 환경에서 오는 신호, 압력 집단에 의해 야기된 위협과 기회를 고려한 후, 기업은 자사가 추구하고자 하는 전략을 찾고, 평가하고, 그리고 결정하여야 한다. 일단 전략을 수립하였으면, 기업은 필요한 활동들을 계획하고 효과적인 자원의 확보 및 사용을 통하여 어떻게 이들 전략을 잘 실행할 수 있을지 세부계획을 세워야 한다. 비즈니스 계획 수립의 주요 요소들과 그들 사이의 관계에 대하여 아래에 설명된다. 이 계획 수립 과정은 상당히 구조적이고 절차적인 특징을 가지고 있으며, 무엇이 행하여져야 하는지를 이해하는데 도움을 주기 위한 것이다.

어떠한 유형의 전략 수립이던지 주요 이슈 가운데 하나는 그 범위를 결정하는 것이다. 예를 들면, 조직 또는 기업 전체를 다루는 전략을 수립해야할지, 아니면 일관성 있는 전략과 계획을 수립하기에 보다 적절하고 용이한 전략적 사업 부문(strategic business units: SBU)을 다루는 전략과 계획을 수립할지를 결정하는 것이다.

대부분의 주요 기업들은 기능적 조직을 위한 전략 및 계획을 수립하지 않고 사업 부문(business units)을 위한 전략 및 계획을 수립하는 것이 최근의 추세라고 할 수 있다. 전략 수립에 있어 전략적 사업 부문 접근법(the SBU approach)은 앞서 언급된 4단계 성숙도 모델의 중요한 측면인 창의성(creativity)과 혁신을 강조하는 것과 관련이 있다. 일반적으로 이런 접근법은 기업이 시장에 보다 효과적으로 대응할 수 있게 하고, 더 큰 운영적 융통성(operational flexibility)을 가져다주며, 결과에 대하여 보다 명확하게 책임 소재를 밝힐 수 있게 한다.

분명한 것은 전략을 유도하고 수립하는데 있어 기업 전체와 개별 사업 부문을 모두 고려하는 것이 중요하다. 이는 전략적 사업 부문의 기여를 통하여 기업의 목표를 달성하는 것이 기업의 전략 수립에 있어 기본 전제가 된다는 것을 의미한다. 즉 기업의 전략 수립 과정은 기업과 전략적 사업 부문, 그리고 전략적 사업 부문 간의 관계를 잘 반영하여야 한다는 것이다.

### (1) 목표

비즈니스 계획 수립 과정에 있어 주요 요소 가운데 하나는 사업 부문 또는 기업의 목표를 설정하는 것이다. 이런 목표의 설정은 일반적으로 수익률, 성장률, 시장점유율, 고객 만족도, 신제품 개발, 고용, 사회적 책임 등과 연계하여 표현된다.

기업의 목표는 단순히 그냥 설정되는 것이 아니라 기업, 경영자, 그리고 주요 이해관계자들이 추구하는 가치(values)를 반영하는 것이다. 이러한 가치는 종종 기업의 사명(mission)에 표현되어 있으며, 사명은 일반적으로 기업의 장기적인 목적(aims)과 명분(purposes)을 진술한 것이다.

기업의 사명 또는 비전(vision)은 일반적으로 기업의 이해관계자들의 관심사가 바뀔 때까지 오래 동안 지속되는 경향이 있다. 하지만 기업의 목표는 매년 변화될 수 있으며, 일정 기간 동안에 상당히 변화될 수 있다. 기업의 목표(objectives)는 주어진 기간에 달성되어야 할 구체적이고 측정 가능한 대상(targets)을 설정하는 것을 말한다. 일반적으로 아래에 설명될 "상황 분석(situation analysis)"을 실시한 후에 목표를 설정하는 것이 논리적일 것으로 생각되지만, 많은 기업에 있어 목표가 먼저 설정되고 난 후에 이들 목표에 비추어 상황이 분석(검토)되기도 한다. 만약 설정된 목표가 달성할 수 없을 것처럼 또는 너무 쉽게 달성될 수 있을 것처럼 예상되면, 추후에 이들 목표가 수정되기도 한다. 하지만 이들 목표가 부적절함을 시사하는 증거가 있음에도 불구하고 종종 이들 목표가 수정되지 않는 경우도 있다.

### (2) 상황 분석

"우리 기업이 현재 어디에 위치하고 있나?"라는 질문은 두 개의 본질적으로 요소로 이루어져 있다고 볼 수 있다. 첫 번째 요소는 기업의 내부에 초점을 맞춘 것이고, 두 번째 요소는 기업 외부에 초점을 맞춘 것이다. 첫 번째 요소는 기업의 현재 전략과 기업의 장·단점에 대한 이해와 관련이 있다고 볼 수 있다. 즉 첫 번째 요소는 다음과 같은 분야의 철저한 분석으로 이루어져 있다.

① 기존 및 개발 중인 제품과 서비스를 만들 수 있고 제공할 수 있는 능력이라는 측면에서 조직 내의 가용 자원
② 부채, 유동성(liquidity), 자산에 대한 기업의 재무적 건강 상태
③ 기업의 종업원, 종업원의 기술 수준, 훈련, 경험, 동기 부여 및 이에 따른 비즈니스 역량
④ 물리적 자산, 자산의 연령, 사용 중인 기술, 기술의 유용성(usefulness)
⑤ 연구 및 개발, 매출액 대비 신제품 개발 및 새로운 시장 개척에 재투자되는 금액의 비율, 개발을 기다리고 있는 신제품의 숫자, 과거 연구 및 개발 실적의 질
⑥ 기업, 기업의 조직 구조 및 조직 간의 관계, 종업원의 태도와 기업문화, 운영적 그리고 관리적 공정(processes)의 효과성(effectiveness), 변화하는 상황에 적응하는 능력

두 번째 요소는 기업이 아주 명확하게 시장에서 자사의 위치와 미래에 가능한 전략적 선택(options)을 확인할 수 있도록 경쟁 환경에 대한 분석을 포함하고 있다. 경쟁 환경에 대한 분석은 아래의 부문에 대하여 이루어져 있다.

① 시장점유율 향상, 전체 시장 규모 증대, 또는 개별 시장 대상 찾기 등을 위하여 전체 시장 가운데 개별 시장 분할과 시장점유율 분석

② 성숙기 또는 쇠퇴기에 접어든 제품, 수요가 아직 증대되고 있으며 연구 및 개발 관점에서 볼 때 중요도가 높은 제품, 제품의 생명주기가 단축될 필요가 있거나 연장될 수 있는 제품 등을 고려한 제품 생명주기에 있어 기업의 위치
③ 현재 또는 미래의 잠재적 전략, 그리고 제품, 서비스, 마케팅, 재무, 인력과 공정(processes) 측면에서 경재사의 강점 및 약점을 이해하기 위한 모든 현재 및 미래 경쟁사들에 대한 조사
④ 잠재적 대체재를 출시하기 위하여 일어날 수 있는 미래의 경쟁적 행동에 대한 분석, 현재 환경이 자사가 선택한 시장에 신규진입자의 출현이 가능하게 하는지에 대한 분석

상기의 내용은 일반적으로 SWOT(Strengths, Weaknesses, Opportunities, Threats)분석이라고 한다. 또한 브레인스토밍(brainstorming)과 같은 보다 창조적인 생각(또는 방법)을 통하여 기업은 자사의 약점을 인지하면서 위협에 대하여 잘 방어를 할 수 있을 뿐 아니라, 비즈니스 기회를 잡기 위하여 자사의 강점을 활용할 수 있는 방법을 찾을 수 있을 것이다.

(3) 미래 전략

무엇을 성취하려고 하는가를 목표라는 방법으로 충분히 이해를 하고, 자사의 현재 강점 및 약점, 그리고 경쟁 상황에 대한 분석을 했으면, 기업은 불리한 것을 회피하고 유리한 것들을 창출하기 위한 미래의 전략을 확인(수립)하여야 한다. 역사적으로 볼 때, 미래의 전략 확인(수립)은 과거의 경험을 바탕으로 조직 내 구성원의 지식으로부터 창출된다. 하지만 이러한 현상이 최근에는 점차 제한적으로 이루어지고 있다. 최근에는 많은 기업들이 "불연속성(discontinuity)"을 확인하고 잠재적인 시사점을 예측하기 위하여 시나리오 계획법(scenario planning)을 사용하

거나, "획기적인 생각(breakthrough thinking)"을 촉진하기 위하여 외부 전문가를 초빙하여 미래의 방안들을 찾으려고 한다.

가장 유익하고 가장 실행가능성이 높은 방안이 선택될 수 있도록 기업은 몇 가지 기준을 사용하여 미래의 전략(방안)들을 평가하여야 한다. 예를 들면, 기업은 아래와 같은 기준들을 사용하여 미래의 전략들을 평가할 수 있다.

① 재무적 및 관리적(managerial) 위험, 그리고 주요 경쟁사의 예상되는 대응
② 공세를 취하고자 할 때 요구되는 새로운 능력의 필요성 정도 및 보다 방어적 태세를 취하는데 요구되는 통제력 향상의 정도
③ 의도하는 전략을 실행하는데 있어 현재의 조직 구조의 적절성 또는 대규모의 조직 개편이 전제 조건으로서의 필요성
④ 역량(competence), 자원, 공정(processes)과 조직 문화의 측면에서 기업의 전략 실행 능력
⑤ 전략의 여러 가지 측면이 다른 비즈니스 주체의 의도와 역량에 의존적이기 때문에 전략이 고객과 다른 거래 기업(trading partners)에 대하여 가지는 시사점
⑥ 전략을 실행 가능하게 하거나 안전하게 실행하는데 있어 기업이 전략적 제휴를 맺거나 합작회사를 설립할 필요성의 여부

당연한 것처럼 느껴지지만, 전략(방안)들을 평가하는데 있어 우선순위를 설정하는 것이 매우 중요하며, 어떤 전략(방안)이 추구되지 않을 것인지 결정하여야 한다. 많은 전략들이 바람직하지 않은 행동 방침(courses of action)을 명시적으로 방지하지 못하기도 한다. 때로 많은 전략들이 매우 모호해서 기업 내부적으로 "과도한 새로운 전략(initiative overload)"

을 야기하여 전략의 여러 가지 중요한 요소들을 제대로 실행하지 못하는 경우도 있다.

이상적인 세계에서는 앞서 설명된 전략 프레임워크가 기업 또는 조직의 모든 계층과 모든 기능부서에서의 계획 수립의 필요성을 다루는데 사용하기에 충분하리라 여겨진다. 하지만 전략 수립 프레임워크는 아마도 이런 접근법에 암시된 고도의 형식적인 행위 때문에 널리 사용되지 않고 있다. 전략 수립 프레임워크는 관료적이거나 규범적일 필요는 없으나, 개별 요소들이 모두 다루어야 한다. 많은 기업들이 여러 가지 다른 전략 수립 도구 또는 방법들을 사용하지만, 종종 종합적인 프레임워크가 없을 경우 여러 유형의 분석과 과정(processes)에서 야기되는 결과물들은 적절하지 않게 합성하기도 한다.

## 3. 전략 실행

전략은 기업이 실행을 통하여 성취하고자 하는 목적을 위한 수단에 불과하다. 따라서 전략을 통한 기업의 목적 달성을 위해서는 적절한 자원이 확보되어야 하며, 효과적으로 배분되어야 한다. 즉 적절한 조직과 책임이 적소에 있어야 하며, 조직의 구성원들이 전략의 성공적인 실행을 위하여 공헌할 수 있도록 충분한 동기부여가 되어야 한다.

전략이 실행되어감에 따라, 성과를 관찰하고 행하여지는 활동들이 전체적인 목표 달성을 지향하는 구체적인 결과를 초래할 수 있도록 통제하는 것이 중요하다. 이러한 성과 측정의 결과는 전략이 잘 실현되었는지 여부에 관계없이 기업(또는 조직)의 목표를 가다듬기 위한 피드백 루프에 사용된다.

어느 한 시점에 기업은 의도하는 전략을 구상하고 실행 계획을 수립하기 위하여 자사가 가지고 있는 모든 지식과 경험을 사용한다. 하지만 현실은 기업이 예상한대로 되지 않을 수도 있다. 예상치 못한 제약조건 또는 새로운 방안이 생겨날 수도 있다. 또한 경쟁사의 행동으로 인하여 전략이나 실행 계획에 변화가 불가피할 수도 있다. 그리고 예상하지 못했던 새로운 기회가 생겨날 수도 있으며, 전략의 일부가 성공적으로 실행되지 못할 수도 있다. 이러한 과정을 거치면서 기업은 원래의 전략과는 다소 다르지만 실행가능하고 현실적인 전략을 수립하며 이를 실행하게 된다. 원래 전략의 어느 부분이 실현가능하지 않을 때, 기업은 이 전략을 더 이상 추구하지 말아야 된다는 것은 의식적으로 받아들여야 한다. 특히 대기업에서 이러한 상황을 수용한다는 것이 행동보다는 말이 쉬울 수 있다. 이러한 방식으로 변화하는 상황에 적응할 수 있는 전략관리 과정을 가지고 있다는 것이 최초의 전략적 분석과 계획을 대신할 수는 없으며, 이는 단지 전략을 보다 더 성공적으로 실행하는 방법의 하나임을 의미한다. 아마도 이런 접근법이 소규모의 고위 경영진에 의하여 수립된 전략을 실행하는데 조직 구성원의 재능을 사용하는 것 보다, 그들의 재능을 전략 수립과 실행에 효과적으로 활용할 수 있게 하는 방법일 것이다.

## 4. 전략 수립 도구과 기법

전략 수립에 있어 여러 가지 도구와 기법이 실제로 사용된다. 여기에서는 Gluck 등이 개발한 전략적 경영 성숙도 진화(evolution of strategic management maturity) 모델의 3단계(외부 지향적 계획)와 4단계(전략적 경영)에서 가장 널리 사용되는 도구와 기법을 소개한다. 대부분의 이들 기법들은 상업과 산업 환경의 불확실성과 복잡성에 대응하여 1960년대 이래 개발된 것들이다. 실제로는 3단계와 4단계에 적용하는 대부분의 기법들은 분석(analysis)과 종합(synthesis) 뿐만 아니라 창의성이 요구되기도 한다. 하지만 기업 또는 조직의 실제 상황과 특별한 관련이 없는 영감이나 창의성은 아마도 기회를 제공하기 보다는 문제를 야기할 수 있다.

아래에 여러 가지 기법들을 고려하는 가운데, 정보기술과 정보시스템 전략 수립에 관한 시사점이 도출되고 논의될 것이다. 만약 사고 과정(thinking processes)이 의도된 비즈니스 전략을 도출하는 과정의 최대한 이른 단계에서 밀접하게 연계가 된다면 비즈니스 전략과 정보기술 및 정보시스템 전략의 효과적인 정렬(alignment)이 보다 손쉽게 이루어질 것이다.

### 1) 포트폴리오와 계획 매트릭스(Matrices)

보스턴 매트릭스(Boston Matrix)는 포트폴리오 믹스 기법을 사용한 초기의 예 가운데 하나이다. 보스턴 매트릭스 모델은 제품의 생명주기 및 시장점유율과 수익성 사이의 관계에 바탕을 두고 있다. 또한 이 기법은 어떤 물건이 더 많이 제조될수록 제조 공정의 지속적인 향상과 규모의 경제 달성으로 인하여 제조비용이 감소할 것이라는 "경험곡선효과(experience curve effect)[1]"의 논리적 근거를 반영하고 있다. 경험곡선효과는 서비스 산업 보다는 제조업에 관련성이 높다.

보스턴 매트릭스 모델은 여러 종류의 제품과 다양한 산업에 적용되지만, 어떤 환경에서는 적용되지 않는다. 예를 들면, 일부 생필품 시장에 있어 인위적인 통제를 통하여 시장을 왜곡하려는 정부의 간섭이 심할 경우 보스턴 매트릭스 모델이 적용되지 않는다.

1) 경험곡선효과(experience curve effect)란 사업규모, 생산량, 경험 등의 증대가 단위 원가의 하락효과를 나타내는 곡선을 의미한다.

### (1) 제품생명주기 모델

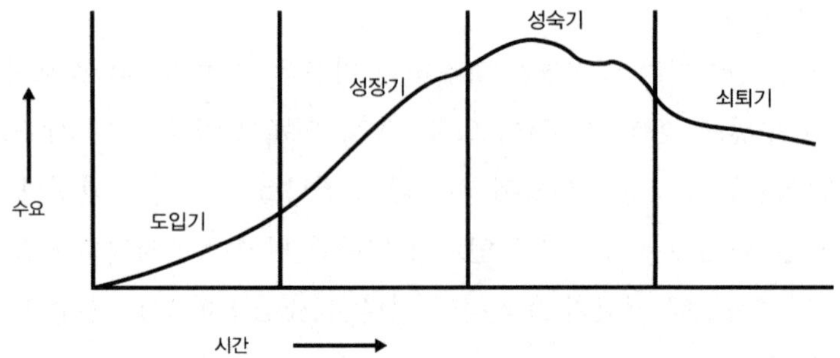


<u>도입기</u>
- 제품명세서
- 고객요구사항
- 프로세스디자인
- 시장연구와 예측
- 물류계획
- 비품결정

<u>성장기</u>
- 제품품질향상
- 고객서비스
- 생산시걸 확풍과 활용
- 가격설정과 이익률관찰
- 고객기반확충을 위한 프로모션
- 경쟁사회 위상 확인

<u>성숙기</u>
- 제품 다양화
- 고객 세분화
- 제무생산비용 절감
- 부품 조달(제조 또는 구매 결정)
- 완제품 재고관리
- 가치분석 및 비용 절감
- 특정 경쟁사 공략

<u>쇠퇴기</u>
- 재고수준감소와 서비스 비용 최적화
- 판매 예측
- 하청계약 - 공급업자
- 일부 생산시설의 다른 용도 사용
- 유통경로 합리화
- 행정비용 절감

<그림-1> 제품생명주기 모델과 정보시스템의 활용

제품생명주기 모델은 (그림-1) 어떻게 특정의 제품이 오랜 기간 동안 시장에서 고객의 수요에 따라 제품에 대한 수용을 "시험"하는 것으로부터, 성장과 성숙(saturation or maturity)을 거쳐 궁극적으로 쇠퇴기에 이르기까지 변화되어 가는지를 설명한다. 유사한 방식으로 제품생명주기의 각기 다른 단계에서 제품을 구입하는 고객의 유형이 시간의 흐름에 따른 개별 제품들에 대한 시장세분화 전략을 수립하는데 활용될 수 있다. 모든 제품이 동일한 주기(cycle)을 따르는 것은 아니다. 따라서 일부 제품은 논의 단계에서 더 이상 나아가지 못하기도 하고, 다른 제품은 시장에서 전혀 수용되지 않기도 한다. 개별 제품의 생명주3기도 그 기간에 있어 아주 다양하다. 위스키와 같은 제품은 출시된 지

100년이 넘었지만 아직까지도 시장에서 성공적으로 판매되고 있다. 반면에 1990년대에 시장에 소개된 휴대전화는 10여년 이상 빠른 성장을 하였으나, 2000년대 초반에 시장이 포화상태에 이르게 되었다. 그 후 2007년에 Apple사에 의해 스마트폰의 효시라 할 수 있는 iPhone G2가 발표되면서 휴대전화는 쇠퇴기를 맞게 되었다. 장난감을 포함한 일부 제품들은 수개월 안에 전체 제품생명주기를 경험하기도 한다. 제품생명주기 모델은 고객들의 일시적인 유행에 의해 좌지우지되는 산업에 있어서는 아주 짧은 생명주기를 야기하기도 한다. 일부 선진국에서 쇠퇴기에 있는 제품(예를 들면, 전자제품)에 대하여 새로운 시장이 열리기도 하지만 대부분의 산업에 있어 제품은 도입기(emergence or introduction), 성장기(growth), 성숙기(maturity), 그리고 쇠퇴기(decline)를 거치게 된다.

### 2) BCG 매트릭스 모델 :

제품생명주기를 시장 위치(position)와 결합하면 시장 성장성에 대비하여 상대적인 시장점유율을 보여주는 2x2 매트릭스를 보여준다. 매트릭스에 있는 네 개의 셀들은 제품생명주기의 두 단계인 성장기와 성숙기 및 경쟁 상품과 비교하여 특정 상품의 상대적인 성공을 반영하고 있다. 이 매트릭스는 절대적인 시장점유율이 아니라 상대적인 시장점유율을 나타내 준다는 것을 명심하여야 한다. 성장성이 높은 시장에서는 수요가 공급을 초과하며, 초과가격(price premium)에 상품을 파는 것이 가능하다. 고성장의 시장은 많은 경쟁자를 유인하게 되므로, 상대적으로 높게 책정할 수 있는 제품 가격으로 인하여 상대적으로 시장점유율이 낮음에도 불구하고 많은 기업들이 수익성 있는 제품을 가질 수 있다. 시장이 성숙되어감에 따라 공급이 수요를 초과하기 때문에 제품 가격이 하락하게 되며, 상대적으로 성공적이지 못한 기업들은 시장을 떠나게 된다. 그리고 낮은 제조비용으로 인하여 가격 경쟁을 할 수 있거나, 고객들이 가치를 인정하는 기능들을 제공할 수 있는 기업만이 지속적으로 성공할 수 있을 것이다. 실제 시장점유율 증대에 의한 상대적으로 높은 시장점유율을 유지하는 것이 제품에 대한 고객의 인식과 필수적인 규모의 경제를 달성하는데 있어 아주 중요하다. <그림-2>의 매트릭스 상에서 특정 제품 또는 전체 비즈니스의 위치는 적절한 미래 전략을 나타내 준다.

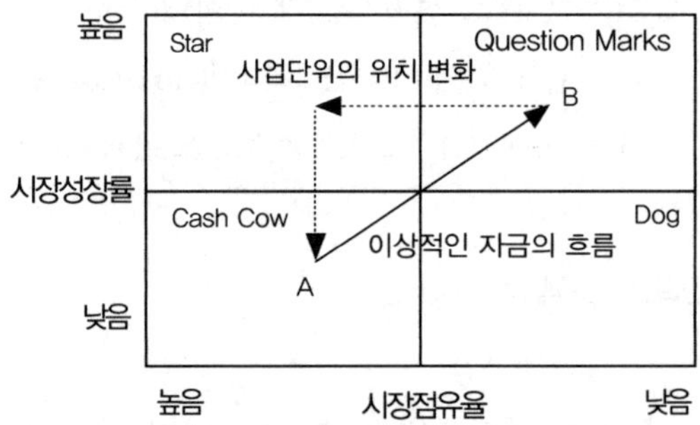


<그림-2> BCG 매트릭스 모델

■ Star :

높은 시장점유율을 달성할 수 있다면, 수요 성장성이 높으며 최고의 잠재적 수익성을 가진 제품들이 "Star"에 속한다. 즉 시장 성장률과 상대적인 시장점유율이 모두 높은 제품들이 "Star"에 속하는 사업이다. 수익이 높고 성장 가능성도 다분하다는 점에서 기업 입장에서는 핵심 사업이 된다. "Star"에 속하는 제품들은 상당한 매출을 창출하지만, 시장에서 확고한 위치를 차지하고, 생산 및 서비스 제공 능력을 유지하기 위하여 지속적이고 상당한 투자를 필요로 한다. (높은 시장 성장률 x 높은 시장점유율)

■ Cash Cow :

해당 시장의 성장률이 낮은 대신 상대적으로 그 시장에서 높은 점유율을 보이고 있는 제품들을 "Cash Cow"에 속하는 사업이라고 한다. 기업 입장에서는 꾸준한 수입과 이미지를 창출하는 효자 사업이라 할 수 있다. "Star"에 속하던 제품 또는 사업이 시장 성장률 둔화에 따라 "Cash Cow"에 속하기도 한다. 따라서 해당 시장 안에서의 선도적인 위치를 유지하기 위해 많은 노력이 필요한 제품 또는 사업이라고 할 수 있다. "Cash Cow"에 속하는 제품 또는 사업은 다른 제품 또는 사업에 투자하기 위한 기반으로 활용되기도 한다. (낮은 시장 성장률 x 높은 시장점유율)

■ Question Marks :

시장 성장성은 높으나 현재의 시장점유율이 낮은 사분면에 속하는 제품 또는 사업은 "Question Marks"라고 부른다. 여기에 속하는 제품들은 상당한 투자를 필요로 하나 기대되는 현금 수익이 상대적으로 적다고 할 수 있다. 하지만 이 사분면에 속하는 제품 또는 사업은 기업의 경영 전략에 따라서 "Star" 또는 "Dog"가 될 수도 있다. 즉 기업은 "Question Marks" 사분면에 속하는 일부 제품들이 시장점유율이 증대되고 가까운 장래에 "Star"와 "Cash Cow"에 속할 수 있을 것이라는 기대를 가지고 "Cash Cow" 사분면에 속하는 제품들로부터 창출된 현금을 "Question Marks"에 속하는 일부 제품들을 개발하고 판매촉진을 하는데 사용하기도 한다. 그러나 기업은 "Question Mark"에 속하는 다른 제품들이 "Star"로 전환될 가능성이 없고, 곧 "Dogs" 사분면에 속할 위험이 있다고 판단되면 손해를 입기 전에 이들 제품이나 사업에 대한 투자를 줄이거나 철수하는 것이 좋다. (높은 시장 성장률 x 낮은 시장점유율)

■ Dog :

해당 시장의 성장률과 상대적인 점유율 모두가 낮은 제품이나 사업이 "Dog" 사분면에 속한다. 이 사분면에 속하는 제품이나 사업의 경우에는 손실을 최소화하기 위하여 빨리 철수하는 것이 좋다. (낮은 시장 성장률 x 낮은 시장점유율)

시장이 성숙기에 접어들어 제품에 대한 수요가 감소할 때 그 제품은 시장에서 확고하게 자리를 잡게 된다. 소수의 새로운 고객이 그 제품을 구매하지만, 그 제품은 반복 판매의 양상을 띠게 된다. 이 시점에 앞서 "Star" 사분면에 속하는 제품들에 대한 투자는 줄어들게 되며, 높은 시장점유율로 인하여 상당한 흑자 현금 흐름(positive cash flow)을 야기할 수 있다. 이러한 제품들 또는 사업을 "Cash Cow"라고 부른다. 이 기간 동안 기업은 제품과 서비스의 질을 일정 수준으로 유지하고 자사의 시장점유율을 지키기 이하여 충분한 마케팅 노력을 기울이게 된다. 그리고 기업은 가능한 한 오래도록 순현금(net cash) 창출을 유지하기 위하여 원재료, 생산 및 유통 비용을 낮추려는 노력을 하게 된다.

만약 자사의 제품이 새로운 제품이나, 품질이 더 좋거나 저렴한 제품, 또는 유행의 영향으로 인하여 대체됨에 따라 수익성 있는 시장점유율을 확보할 수 없거나 시장점유율이 잠식당한다면 그 제품은 쓸모없는 제품이 되며, 기업은 결과적으로 수익률이 저하되는 제품에 투자하는 것에 신중을 기하여야 한다. 이러한 제품들은 "Dog" 사분면에 속하게 되며, 이상적으로는 이들 제품에 대한 투자를 거두어들이거나 아직 수요가 있는 시장 분야를 보다 정확하게 겨냥하여야 한다.

BCG 매트릭스는 전략에 있어 다음과 같은 몇 가지 주요 사안들을 강조하고 있다.

▸ 기업 내부 요소가 아니라 시장의 기회와 압력에 따라 제품을 관리

할 필요성

- ▶ 지속적인 수입원을 확보할 수 있는 미래의 제품에 순현금 유입을 재투자할 필요성
- ▶ 장기적으로 기업이 번창하기 위하여 완전하고 균형 잡힌 제품 구성(portfolio)의 필요성

배당금(dividends)의 형태로 기업 이익의 더 많은 부분을 배분해 줄 것을 요구하는 점증하는 이해관계자의 압력이 성공적인 기업에게도 문제점을 야기할 수 있으며, 이러한 현상은 이들 기업이 미래의 제품과 서비스에 투자할 수 있는 능력을 약화시키고 있다.

■ BCG 매트릭스 모델의 한계점

BCG 매트릭스 모델은 현금 흐름, 시장점유율 및 산업(시장)의 성장성과 같은 주요 사안에 초점을 맞추고 있기 때문에 분석 및 계획에 유용한 모델이지만, 이 모델은 사업의 성공과 관련된 여러 가지 요소들 가운데 일부를 지나치게 단순화했다는 단점이 있다. 그리고 제조업에서 유래된 BCG 매트릭스 모델의 논리적 근거(토대)가 미국과 서유럽 기업의 많은 비율을 차지하는 서비스 산업에 있어 그 타당성이 상대적으로 약하다. BCG 매트릭스 모델은 시장의 성장률과 시장점유율을 산업의 매력도와 경쟁적 지위를 결정하는 두 가지 측면으로 규정하고 있으나, 보다 많은 변수들이 고려될 필요가 있다.

BCG 매트릭스 분석 기법은 기존의 사업(또는 제품)을 분석하는 것에 그치고 있어 미래 사업을 계획하는 데에는 명확한 기준을 제시해주지 못한다. 또한 각 전략 산업 단위(strategic business unit)가 가진 시장

성장률과 시장점유율을 계산할 때 오차가 발생할 수 있기 때문에 모든 경우에서 신뢰도를 가진 방법은 아니라고 할 수 있다.

### 3) 정보기술과 정보시스템에 대한 시사점

제품생명주기 모델(그림-1)은 특정 제품의 생명주기에 따라 단계별로 보다 효과적인 정보기술 및 정보시스템의 사용을 통하여 향상될 수 있는 주요 비즈니스 활동들을 보여주고 있다. 산업들도 생명주기를 가지고 있는 것으로 고려할 수 있으며, 대부분의 산업은 어느 특정 시점에 네 단계 가운데 어느 한 단계에 있는 것으로 묘사될 수 있다. 예를 들면, 자동차 산업은 성숙기에 있고, 모바일통신 산업은 성숙기에 있으며, 바이오테크놀로지(biotechnology) 산업은 성장기에 있다고 할 수 있다. 기업의 전략은 도입기, 성장기, 성숙기, 그리고 쇠퇴기에 있는 산업에 있어 다를 수 있는 것처럼, 다른 투자와 마찬가지로 정보기술과 정보시스템에 대한 투자도 다르게 목표가 설정하여야 한다. 특정 제품에 대하여 제품생명주기의 각각의 단계별로 상품촉진, 유통 경로, 생산 능력에 대한 투자는 다른 목적을 가지고 이루어져야 하며, 자사의 제품 또는 사업이 시장에서 처한 위치에 따라 다르게 행해져야 한다.

① "Question Marks" 사분면(높은 시장 성장률 x 낮은 시장점유율)에 속하는 제품들이 궁극적으로 성공할 수 있는 방법은 전체적인 시장의 혁신(innovation) 또는 효과적으로 공략할 수 있는 시장의 특정 부분(niche market)에 집중함으로써 가능하다고 하겠다. 따라서 정보기술 및 정보시스템 전략은 제품과 프로세스 개발에 집중하거나, 잠재적 고객의 확인, 고객 유형의 세분화에 초점을 맞출 가능성이 높다고 하겠다. 따라서 이들 전략은 정확한

서비스 내역과 제품에 대한 고객의 요구사항을 파악하기 위하여 선택된 고객층과 관련된 제품과 서비스에 대한 효과적인 정보 교류 및 분석을 지원한다.

② "Star" 사분면(높은 시장 성장률 x 높은 시장점유율)에 속하는 제품과 사업은 회사에서 선도적인 역할을 하고 있음을 시사한다. 시장이 성장함에 따른 매출 성장을 위하여, 경쟁사보다 앞서 또는 최소한 경쟁사와 보조를 맞추어 고객의 수요를 창출하고 경쟁력 있는 제품 및 서비스를 제공하는 것이 성공에 있어 매우 중요하다. 실제 또는 잠재적인 경쟁사 보다 수요에 대한 이해를 더 잘하기 위하여, 정보기술과 정보시스템의 사용이 고객과 그들의 요구사항을 확인하는데 집중된다. 또한 정보시스템은 사업의 성장 지원, 증가하는 주문량, 다양한 제품 믹스(product mixtures), 또는 고객서비스 유형 처리 등에 목표로 사용되기도 한다. 주요 강조점은 시장(또는 고객)의 요구사항을 만족시키고 시장에서 기업을 차별화시키기 위한 비즈니스 혁신에 있다. 따라서 정보시스템에 대한 투자의 초점은 자사의 제품에 가치를 부가시키고 성장을 지원하는데 맞추어져야 한다.

③ "Cash Cow" 사분면(낮은 시장 성장률 x 높은 시장점유율)에 속하는 제품과 사업은 경쟁사에 비하여 비용을 낮게 가져가거나 최소한 경쟁사의 수준으로 비용을 유지하고, 최적의 방법으로 고객의 수요를 충족시킴으로써 현재의 위치를 방어하면서 수익을 창출할 수 있다. 기업이 생산 능력을 최대한 활용하기 위하여 자원과 공정(processes)을 구성하듯, 수요와 공급량의 세밀한 대응(matching)이 고객들을 만족시키는데 있어 아주 중요하다. 시장에서의 지위를 방어하기 위하여 비즈니스 생산성 및 고객과 공급업자에 대한 통제가 기업의 주요한 목표이며, 정보시스의

사용은 혁신보다는 비즈니스 관계와 활동을 통제하는데 초점을 맞추게 된다. 즉 “Cash Cow” 제품을 가진 기업의 목표는 경쟁사가 우위를 점하지 못하도록 하는데 정보시스템을 활용해야 한다.

④ “Dog” 사분면(낮은 시장 성장률 x 낮은 시장점유율)에 속하는 제품과 사업은 이들 제품과 사업이 시장점유율의 증가와 실현가능한 이익 증대가 명확히 예상되지 않으면 큰 규모의 투자액을 이끌어낼 가능성은 희박하다. 결국 기업이 “Dog” 사분면에 속하는 제품에 대한 투자를 회수하는 것이 궁극적인 목표일 수 있다. 따라서 종종 기업이 정보시스템 전략을 다른 비즈니스 전략과 통합 또는 정렬을 고려하는 것이 바람직하지 않다. 그 대신에 기업은 제품 및 시장의 세분화를 통하여 틈새 시장을 개척할 수도 있다. 일반적으로 정보기술과 정보시스템에 대한 투자는 비즈니스 방향을 따라야 한다. 즉 정보기술과 정보시스템에 대한 투자는 비용 절감 또는 고객 확보를 통한 수익성 향상을 기대할 수 있는 선택적이고, 강력하게 재무적으로 정당화될 수 있는 부분에 이루어져야 한다. “Dog” 사분면에 속하는 제품에 대하여 혁신적인 정보시스템 및 정보기술의 사용은 거의 기대할 수 없다.

BCG 매트릭스가 명확한 투자 지침이 아니기 때문에 상기에 설명된 지침(또는 제안)들은 다소 일반화된 것처럼 보인다. 즉 이들 지침들은 상황을 이해하는데 도움을 주는 방법들로서, 다른 평가 방법들이 가능하다는 것을 시사한다. <그림-3>에서 보듯이 산업의 변화 주기가 진행되어 감에 따라, 시장 성장률을 촉진하고 시장점유율을 증가시키기 위하여 기업의 사업 주안점이 고객으로부터 제품으로, 그리고 또다시 고객 등으로 바뀌어 간다. 어느 시점에 있어 제품 또는 고객 기반이 상대적으로 안정되어 있다면, 성장은 보다 더 효과적으로 관리될 수 있다. 기업의 성장은 기존의 제품이 보다 넓은 시장(고객) 기반을 바탕으로 거래되거나, 새로운 제품(제품의 다양성을 통한)이 기존 고객의 다양한 수요를 충족시켜줄 때 가능할 수 있다. 정보시스템의 주안점은 이러한 패턴을 따라 잠재적인 새로운 고객을 유인하고, 이들을 위한 유통 경로를 확보하며, 이들을 위한 물류 서비스를 지원하는데 사용되어야 한다. 또한 정보시스템은 기존 시장과의 연계를 통한 성장을 위하여 새롭고, 더 양질의, 또는 더 저가의 제품 또는 서비스를 개발하고 제공하는데 사용되어야 한다. 각각의 단계에서 다른 요소들도 간과되어서는 안 되나, 어느 특정 시점에 있어 제품 또는 고객 "개발"이 강조되어야 한다.

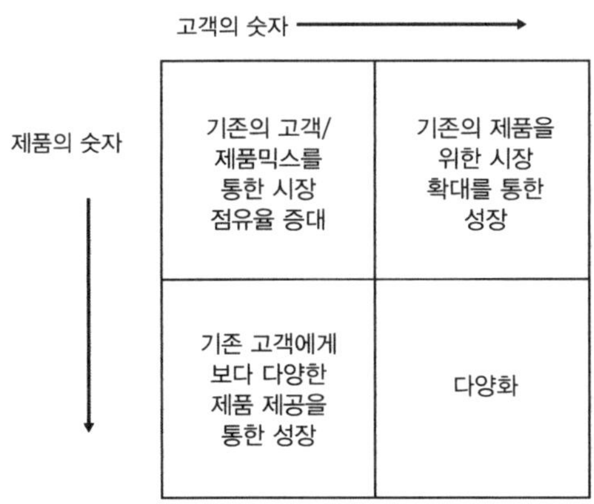


<그림-3> 비즈니스 성장의 관점

<그림 - 3>에 제 3의 요소로서 유통 경로를 첨가할 수도 있지만, 단지 제품과 고객만을 나타내고 있다. 인터넷은 최종소비자를 포함한 모든 유형의 고객들에게 전자적인 유통 경로를 제공하여 주었다. 대상 고객 집단을 응대하고, 제품이나 서비스를 배송하여 주는데 있어 적절한 유통 경로를 선택하는 것은 중요한 전략적 의사결정이라 할 수 있다. 고객 접점으로서 콜센터와 인터넷은 정보기술과 정보시스템에 기

반을 두고 있으며, 이와 같이 고객 접점을 개발하고 운영하는 것은 비즈니스 전략과 정보기술 및 정보시스템 전략의 필수적인 부분이라 하겠다. 예들 들면, 여러 지점이 있는 은행이 콜센터와 온라인 뱅킹 등 유통 경로(접점)의 다각화(mix)를 관리하는 것은 개별 유통 경로(접점)를 통한 서비스 제공 방법을 고객의 필요에 맞게 조화를 이루는 문제일 뿐 아니라, 은행이 제공하고자 하는 상호 교차하는 유통 경로의 통합 정도에 대한 의사결정을 요구하기도 한다.

분명한 것은 제품이나 고객층이 확대되면 기업이 감당하는 영역이 변하게 된다. 이미 알고 있는 시장을 위하여 보다 다양한 제품을 개발할 경우, 기업은 예전에 비하여 보다 넓은 시장을 가지게 된다는 것을 의미한다. 마찬가지로 제한된 제품 구성에 대하여 보다 넓은 시장이 확보된다는 것은 기업이 보다 다양한 수요가 있다는 것을 알게 되는 것이며, 이들 수요가 경제적으로 충족될 수 있다는 것이다. 따라서 기업은 제품에 대한 추가적인 투자를 정당화할 수 있다.

역사적으로 보면 새로운 제품을 새로운 고객에게 소개하는 다각화(diversification) 전략은 앞서 설명된 단계(기존 제품을 위한 시장 확대를 통한 성장, 기존 고객에게 보다 다양한 제품 제공을 통한 성장)들이 달성되지 않으면 대게 성공적이지 못하였다. 그러나 Virgin과 Nike과 같은 "superbrands" 확립이 브랜드 "umbrella"의 영향 하에 기업이 새로운 제품 개발과 새로운 시장 부분을 겨냥할 수 있게 하였다. 또한 HSBC와 Prudential 같은 금융사들은 별도의 새로운 사업부를 신설하여 전통적으로 자사가 상대적으로 취약했던 고객층에게 오직 인터넷 기반의 금융 상품만을 판매하고 있다. 이들 사례에서 보듯이 정보기술과 정보시스템 전략이 구체적으로 특정 사업부를 지원하고자 하는 것이며, 다른 비즈니스 전략과는 연계되지 않는다.

### 4) 경쟁세력 및 경쟁우위 전략

앞서 설명된 포트폴리오 모델은 1960년대와 1970년대에 전략적 분석에 사용된 주된 도구였으나, 오늘날에도 기업에서 유용하게 사용되고 있다. 기업의 전략 수립에 커다란 영향을 미친 모델 가운데 하나는 Porter가 개발한 경쟁세력(competitive forces model) 모델이다.

기업은 한 산업 내에 존재하며, 기업이 성공하려면 자사가 속한 산업 내에 존재하는 경쟁세력(competitive forces)들을 효과적으로 다루어야 한다. 예를 들면, 바이오테크놀로지 또는 유전자공학(genetic engineering)과 같은 신생 산업의 경쟁세력은 레저 또는 금융서비스와 같은 성장기에 놓인 산업, 또는 성숙기 또는 쇠퇴기에 있는 자동차 산업이나 광업의 경쟁세력과는 상당히 다르다 할 수 있다. 그리고 소프트웨어 산업에 속한 기업이 세계적인 관점에서 운영해야 하는 필요를 느끼게 하는 압력들은 국제 경쟁이 아주 제한적이거나 아주 미미한 국지적인 산업에 속한 기업이 느끼는 압력과는 상당히 다를 수 있다.

기업은 자사의 고객, 공급업자, 그리고 경쟁사와 상호작용한다. 그리고 기업은 특정 경쟁 시장에 진입하려는 잠재적인 신규 진입자와 대체재 및 대체 서비스의 출현 가능성을 잘 살펴야 한다. 이러한 환경에서 생존하고 번창하기 위하여 기업은 어떻게 하면 불리한 것을 피하고, 경쟁우위를 확보할 수 있는 기회를 포착하기 위하여 이들 상호작용과 시사점을 이해하는 것이 매우 중요하다. <그림-4>는 다섯 개의 경쟁세력(고객, 공급업자, 신규 진입자, 대체재 및 대체 서비스, 기존의 경쟁사)을 보여주고 있으며, 이들 경쟁세력에 대한 전자상거래의 잠재적 영향에 관한 일반적인 질문들을 나열하고 있다.

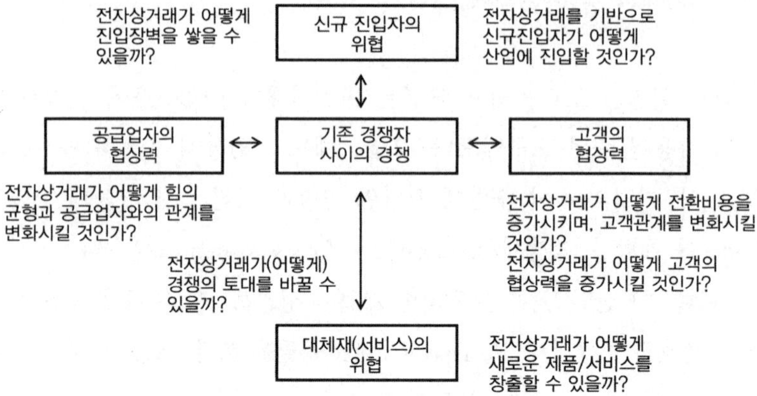


<그림-4> 전자상거래와 경쟁세력 모델

어느 한 시점에 하나 또는 복수의 경쟁세력이 경쟁사에 특정의 압력을 행사하게 된다. 기존의 경쟁사들은 가격 전쟁 또는 신제품과 새로운 서비스의 제공, 또는 광고 공세를 통하여 격렬하게 경쟁한다. 그리고 경우에 따라 외부의 위협을 피하기 위하여 경쟁사들이 서로 협력하기도 한다. 고객과 공급업자는 기업과 기업의 직접적인 경쟁사들이 누릴 수 있는 이익의 많은 부분에 대하여 협상할 수 있을 정도로 힘을 갖게 되었다. 특히 전자상거래에 있어 판매자와 구매자 사이의 정보의 비대칭 현상이 과거에 비하여 거의 사라졌기 때문에 고객의 협상력이 많이 향상되었다. 하지만 고객과 공급업자에게 전환비용을 증대시키거나, 사업적 관계를 변경하는데 비용이 많이 발생하게 함으로써 고객 또는 공급업자의 협상력을 줄일 수 있다. 낮은 진입 장벽 때문에 신설 회사가 산업에 신규 진입자라는 측면에서 위협이 된다. 대체재(대체 서비스)는 기존의 제품 또는 서비스를 대신할 수 있다는 측면뿐만 아니라 고객들이 자신들의 돈을 사용할 수 있는 대안이라는 측면에서 위협이 된다.

<표-1> **경쟁세력의 영향을 결정하는 요소**

| 신규 진입자를 억제하는 요소:<br>- 자본 요건<br>- 특허 또는 특별한 기술의 필요성<br>- 유통 경로의 이용성<br>- 규모의 경제<br>- 기존 경쟁사의 수와 규모, 경쟁 강도<br>- 차별화와 브랜드 확립도 및 충성도<br>- 원자재 및 주요 자원에 대한 확보 |
|---|
| 대체재 및 대체서비스를 억제하는 요소:<br>- 소비자가 사용하는 돈의 가치에 대한 민감도, 소비자의 제품/서비스 비교 능력<br>- 고객의 기존 충성도<br>- 제품 또는 서비스를 차별화할 수 있는 기업의 능력 |
| 기존 경쟁사와의 경쟁을 심화시키는 요소:<br>- 시장 성장 속도의 완만함 또는 시장 성장성 약화<br>- 규모가 비슷한 소수의 경쟁사에 의한 시장 지배<br>- 높은 고정 비용/모든 경쟁사들에 대한 높은 퇴출 장벽<br>- 과잉 생산 능력<br>- 생필품과 같은 비차별화된 제품 |
| 구매자의 협상력을 증대시키는 요소:<br>- 많은 물량(금액)의 제품을 구입하는 집중된 소수의 구매자의 존재<br>- 낮은 전환비용<br>- 높은 가격 민감도 및 다수의 대체 공급원의 존재<br>- 낮은 브랜드 정체성(제품 차별화가 어려움)<br>- 낮은 진입 비용으로 인한 구매자의 후방 통합(backward integration) 능력 |
| 공급자의 협상력을 증대시키는 요소:<br>- 제한적인 숫자의 공급업자<br>- 낮은 대체 공급업자의 출현 가능성<br>- 공급자의 전방 통합(forward integration) 능력 또는 우회를 통한 고객 접근 능력 |

(1) 정보기술 및 정보시스템에 대한 시사점

일부 학자들이 정보기술과 정보시스템의 잠재적 영향을 고려하는 근거로서 경쟁 환경 하에서 기회, 위협, 그리고 전략을 분석하는 데 경쟁세력 모델을 사용하였다. Parson, McFarlan, Cash 등의 학자들이 정보기술과 정보시스템이 어떻게 특정 산업에 영향을 미치며, 개별 기업이 그 산업에서 처한 위치와 비즈니스 전략에 따라 어떻게 영향을 받는지를 연구하였다. Porter은 인터넷이 기업과 산업에 미치는 영향을 조사하는 데 경쟁세력 모델을 적용하였다. 이들 연구의 결과는 부분적으로 정보기술과 정보시스템의 역할 그리고 산업 내의 경제적인 상황과 경쟁 구도 때문에, 정보기술과 정보시스템이 가져다 줄 수 있고, 야기할 수 있는 기회와 위협은 시간이 흐름에 따라 한 산업 내에서도 다를 수 있다는 것을 시사하고 있다. 그러나 제품 혁신처럼 정보기술과 정보시스템의 혁신은 새로운 산업의 성장 또는 일부 산업의 쇠퇴를 촉진할 수 있다. 예를 들면, Amazon.com의 출현은 전통적인 서적 소매업에 중대한 영향을 미쳤으나, 오히려 전체적인 서적의 판매금액은 큰 폭으로 증가되었다. 어떤 경우에는 정보기술과 정보시스템의 영향이 즉각적이며 명확하다. 그러나 일부 경우에는 정보기술과 정보시스템의 영향이 부수적이며 경제 상황 또는 사회적 행동의 변화가 동반되어야 하거나, 정보기술과 정보시스템이 충분히 효과적이기 전에 다른 분야에서 유사한 변화가 있어야 가능하다. 예를 들면, 온라인 식료품 산업의 경우 정보기술과 정보시스템의 예상되는 영향은 고객들이 온라인에서 정보를 검색하고 구매할 수 있는 능력보다는 유통 비용과 쇼핑 선호도와 습관에 달려있다는 것이다.

(2) 산업 분석

산업 분석은 경영자가 정보기술과 정보시스템이 아래와 같은 산업의 본질적인 요소에 어떻게 영향을 미칠 수 있는가? 에 관한 질문에서 시작하여야 한다.

- ▶ 제품 또는 서비스
- ▶ 시장, 유통 경로, 그리고 고객의 행동
- ▶ 생산, 유통, 그리고 서비스 제공의 경제성

만약 정보기술과 정보시스템이 상기의 어느 요소에 커다란 영향을 미친다면, 모든 경쟁사에 대하여 의미 있는 시사점을 제시한다는 것이다. 따라서 경영자는 보다 심층적으로 아래의 질문들에 대하여 생각해 보아야 한다.

① 정보기술과 정보시스템이 어떻게 제품 또는 서비스의 본질과 가치, 그리고 생명주기에 영향을 미치는가?

- ▶ 키움증권, 신한은행과 같은 증권회사와 금융기관들은 인터넷을 기반으로 HTS(home trading system)서비스와 온라인 뱅킹 서비스 등을 제공하고 있다. 이들 기업은 정보기술과 정보시스템을 기반으로 오프라인 지점이 없이 또는 최소한의 오프라인 지점을 유지하면서 고개들에게 다양한 형태의 서비스를 제공한다.
- ▶ 온라인 저널 또는 신문이 빠른 속도로 인쇄된 저널과 신문들을 대체하고 있다. 정보기술과 정보시스템을 기반으로 하는 디지털 저널과 신문은 맞춤화가 용이하며, 하이프링크(hyperlinks)를 통하여 다양한 주제와 간행물로의 연결이 가능하게 한다. 또한 정교한 알고리즘(algorithm)을 기반으로 하는 검색엔진은 독자의 질문에 신속하게 답을 제공하기도 한다.

▸ 보험회사들은 정보시스템을 사용하여 고객에게 직접 보험, 연금 상품 등을 판매하고 있으며, 새로운 보험, 투자, 연금 상품의 개발 아이디어에서부터 시장에 출시까지 소요되었던 시간을 수개월에서 수주일로 단축시키고 있다. 따라서 이런 현상은 오래된 보험 상품이 빠르게 경쟁력을 잃도록 만들어서, 오래된 보험 상품의 지원을 위한 장기적인 헌신(commitment)을 확보하는 것을 어렵게 만들었다.

▸ 최근에 많은 구인, 구직 서비스가 전적으로 인터넷을 통하여 이루어지고 있다. 구직 광고가 전통적인 매체에 게재되더라도, 기업이 입사지원서를 인터넷을 통하여 전자적으로만 접수하기도 한다. 또한 지원자에 대한 초기 응대 또는 선별 작업이 사람이 하는 것이 아니라, 정보시스템을 통하여 이루어지기도 한다. 예를 들면, JOBKOREA(www.jobkorea.co.kr)는 자사의 웹페이지를 통하여 각종 구직, 구인 관련 정보서비스를 제공하고 있다.

일반적으로 기업은 정보기술과 정보시스템이 제품 또는 서비스의 본질 및 생명주기와 관련하여 다음과 같은 질문을 할 수 있다. 정보기술과 정보시스템이 새로운 제품 또는 새로운 사업을 창출할 수 있을까?, 정보기술과 정보시스템이 구매의 토대(basis)를 변경할 수 있도록 고객이 인식할 수 있는 추가적인 부가가치 기능 또는 서비스가 가능하게 할 수 있는가? 만약 기존의 제품이 정보 콘텐츠(content)를 많이 가지고 있으면, 앞선 질문에 대하여 정보기술과 정보시스템이 적절하게 기업에서 활용될 수 있다.

② 정보기술과 정보시스템이 어떻게 제품과 서비스의 수요에 영향을 미칠 수 있으며, 시장 세분화를 보다 효과적으로 할 수 있으며,

지리적으로 시장을 확대할 수 있으며, 또는 시장에 접근하기 위한 새로운 유통 경로를 제공할 수 있는가?

- 영국의 Egg는 인터넷과 전화를 바탕으로 온라인을 통해서만 소비자들에게 금융 상품을 제공하는 회사였으며, 지점과 중간 매개체의 필요성 없이 고객의 금융 거래가 가능하게 하였다. Egg와 같은 인터넷 은행들은 전통적인 경쟁 은행에 비하여 커다란 비용 우위를 확보할 수 있으며, 정보시스템을 바탕으로 고객과 관련된 정보를 보다 용이하게 수집하고, 이렇게 수집된 데이터의 분석을 통하여 고객의 필요를 더 잘 이해할 수 있다. 핀테크(FinTech)는 금융(Financial)과 기술(Technology)의 합성어로, 금융과 ICT(Information & Communication Technology)의 결합을 통해 새롭게 등장한 산업 및 서비스 분야를 뜻한다. 최근에 정부와 산업계는 핀테크가 미래의 유망한 먹거리 사업 가운데 하나로서 기업에게 새로운 비즈니스 기회를 제공할 수 있다고 한다.
- Amazon.com은 가장 널리 알려진 온라인 소매상으로 알려져 있으며, 정보시스템을 이용하여 고객관련 데이터를 수집하고, 이를 분석하여 고객들의 과거 구매 행태를 파악한 후, 신간 도서 등을 알려주는 효과적인 온라인 마케팅을 하고 있다. 또한 델컴퓨터(Dell.com)은 맞춤형 온라인 제품 구성(configuration) 및 주문 서비스뿐만 아니라, 기업 고객들에게 맞춤형 지원서비스를 제공하고 있다.
- 인터넷과 정보시스템이 경매 기반의 시장에 혁명을 가져왔다. 또한 정보시스템이 주식, 유가증권, 그리고 외환시장에 미친 영향은 잘 알려져 있다. 즉 예전에 지역에 머물렀던 시장이 정보시스템으로 인하여 세계화되었으며, 이들 시장에서 거래를 하는 기업들이 전문가 또는 자격증을 가진 트레이드에 더 이상 의존하지 않아도

된다. 이들 시장에서 상당 부분의 거래가 컴퓨터에 의하여 이루어지며, 이는 어떤 의미에서 정보시스템이 시장의 행동을 야기한다는 것을 시사한다.

인터넷과 정보시스템은 소비자와 기업에게 새로운 유형의 경매가 가능하게 하였으며, 정보 기반의 제품뿐만 아니라 다른 유형의 제품과 서비스를 위한 거래 프로세스를 변화시켰다. 예를 들면, 옥션(www.auction.co.kr)과 프라이스라인(www.priceline.com)은 온라인 경매와 역경매 서비스를 제공하여 일반 대중이 다양한 유형의 물건 또는 서비스의 경매에 참여할 수 있게 하였다. 또한 대부분의 산업에서 전자시장 또는 트레이딩 허브(trading hubs)가 존재하며, 이들이 미래에는 더 많은 비율의 거래를 처리하리라 예상된다.

기업은 정보기술과 정보시스템이 제품 또는 서비스의 수요, 시장 세분화, 그리고 유통 경로 등과 관련하여 다음과 같은 질문을 할 수 있다. 정보기술과 정보시스템이 기업이 보다 많은, 보다 적절한 고객에게 접근할 수 있게 하는가? 정보기술과 정보시스템이 기업의 다양한 제품과 서비스를 고객에게 보다 적절하게 대응시켜줄 수 있을까? 정보기술과 정보시스템이 기업의 제품과 서비스를 새로운 방법으로 유통시킬 수 있을까? 정보기술과 정보시스템이 기업이 중간매개자를 거치지 않고 시장에 보다 가까이 다가가는 것을 가능하게 하는가?

③ 정보기술과 정보시스템이 어떻게 산업의 주요 프로세스의 비용 기반에 영향을 미치며, 유연성과 표준화 사이의 균형에 변화를 줄 수 있는가?

▸ 출판 산업에서 저자의 원고 준비에서부터 마지막 인쇄 공정까지

정보기술과 정보시스템의 사용은 신문, 저널, 잡지, 그리고 서적 생산의 경제학을 근본적으로 변화시켰다. 신문 생산의 혁신적인 방법은 널리 알려져 있다. 기자는 멀리 떨어져서 원고를 작성하고, 이를 전자적으로 본사에 전송한다. 전송된 원고들은 데스크탑(desktop) 출판시스템에 의해 조판이 완성되며, 완성된 조판은 필요한 지역에 인쇄를 위해 전송된다. 더 나아가 정보시스템과 인터넷을 기반으로 하는 디지털 버전의 온라인 신문은 전자적으로 전세계 어디라도 배달이 가능하며, 하루에도 수시로 업데이트된 뉴스 서비스를 제공할 수 있는 장점이 있다. 정보기술과 정보시스템에 의한 신문은 생산 비용의 기반을 변화시켰을 뿐 아니라, 신문의 유통 비용도 획기적으로 줄였다. 또한 전자책의 출판과 판매 및 배송도 전통적인 종이 서적에 비하여 생산 경제학에 커다란 변화가 생겼다. 디지털 형식의 전자책 원판 생산은 전통적인 종이 서적에 비하여 비용이 많이 발생할 수 있으나, 추가적인 부수의 발행에 대한 한계 비용이 거의 "0"에 가깝기 때문에 추가적인 부수의 판매량이 증가할수록 출판사의 수익성이 크게 향상될 수 있다.

▶ 실제 상품을 물류와 재고관리시스템에 연동시키는 창고자동화시스템은 도매회사가 보다 다양한 제품의 재고를 유지할 수 있게 하며, 고객의 주문에 보다 신속하게 대응할 수 있게 하고, 수요의 변화를 조기에 예상할 수 있게 한다. 또한 기업은 정보시스템을 활용하여 배송 경로와 주문 수익성을 최적화할 수 있다. 그리고 추적시스템(tracking systems)은 운송회사가 언제라도 위탁물의 정확한 위치를 파악할 수 있도록 도와주며, 고객에게 보다 정확한 배송관련 정보를 고객에게 제공할 수 있게 한다. 또한 UPS(United Parcel Service)와 같은 택배회사는 고객이 배송관련 정보를 자사의 웹사이트를 통하여 직접 확인할 수 있도록 패키지트래킹 서비

스를 제공하기도 한다.

▶ 문서와 이미지의 디지털화는 보험과 같은 정보 집약도(information-intensive)가 높은 산업의 많은 배후(back-office) 프로세스의 자동화가 가능하게 하였다. 작업흐름(workflow) 기술과 결합되면, 문서관리시스템(document management system)은 새로운 비즈니스 지원서와 승인 및 지급 청구서(claims)를 처리하는데 생산성과 고객서비스의 질을 향상 시킬 수 있다. 이러한 정보시스템은 비용 절감 효과뿐만 아니라, 기업이 예전에 상상도 할 수 없었던 많은 양의 업무를 처리할 수 있도록 한다.

앞서 소개된 내용은 기업이 정보기술과 정보시스템을 업무 프로세스 등에 활용한 일부의 사례에 지나지 않으며, 기업은 다음과 같은 질문과 관련하여 정보시스템의 활용을 고려할 수 있다. 정보기술과 정보시스템이 제품과 서비스를 보다 경제적으로 생산할 수 있을까? 정보기술과 정보시스템이 생산과 물류를 통합하여 자원의 사용을 보다 유연하게 할 수 있을까? 정보기술과 정보시스템이 전통적인 방법에 비하여 보다 양질의 제품과 서비스를 보다 저렴한 가격으로 고객에게 제공하는 것이 가능하게 할 수 있을까?

앞서 언급된 내용은 산업에서 정보기술과 정보시스템이 가지고 있는 잠재력이 제품 또는 서비스, 시장, 그리고 경제학(비용적인 측면)에 미칠 수 있는 영향에 대하여 다루고 있으며, 기업이 정보기술과 정보시스템에 대하여 가질 수 있는 활용 방안들을 고려해 보았다. 그리고 상기의 내용은 정보기술과 정보시스템을 활용하여 새로운 제품과 서비스를 개발하고, 판매하거나, 고객의 수요를 효과적으로 충족시켜주기 위한 새로운 유통 경로를 찾고자 하는 신생 기업과 잠재적 신규 진입자에게 시사점을 준다는 측면에서 매우 중요하다.

### (3) 정보기술과 정보시스템의 기회와 위협을 포착하기 위한 경쟁세력 분석

오늘날 지식사회에서 기업이 생존하고 번창하기 위해서는 기업은 정보기술과 정보시스템이 산업의 본질과 미래에 영향을 미칠 수 있는지, 또는 이들이 경쟁사 사이의 힘의 균형에 어떻게 영향을 미칠 것인지에 대하여 검토한 후, 효과적인 전략을 수립하고 실행하여야 한다.

제품(서비스)의 특성으로 인하여 정보기술과 정보시스템은 항공 산업의 모든 경쟁 세력에게 상당한 영향을 미치고 있다. 즉 항공권의 판매(구매), 거래가 완료되기 위하여 필요한 정보의 교환 등이 모두 정보시스템의 사용을 통하여 이루어지며, 이러한 정보시스템의 사용은 경쟁 세력 사이의 힘의 균형에 영향을 미치게 된다. 항공 산업에서 정보기술과 정보시스템의 사용은 모든 경쟁 세력들에게 <표 - 2>에 서술된 것처럼 영향을 미치고 있다.

금융서비스와 출판 산업과 같은 경우는 제품(서비스) 자체가 정보라는 관점에서 정보 집약적 산업이라 할 수 있으며, 이들 산업에서 비즈니스 거래를 완료하는데 정보시스템이 필수적인 요소로서 사용되고 있다. 항공, 여행, 금융서비스, 그리고 출판 산업에 비하여 상대적으로 경쟁의 토대가 정보에 의존하는 정도가 약한 산업에서도, 하나 또는 복수의 경쟁 세력이 경재우위를 확보하려고 아주 의도적으로 정보기술과 정보시스템을 사용하는 기업에 의하여 크게 영향을 받는다.

식료품을 취급하는 슈퍼마켓들이 구매와 물류시스템에 연계되어 있는 전자판매시스템(Electronic Point of Sale Systems)을 통하여 진입 장벽을 구축하였다. 즉 이들 정보시스템의 구축과 운용에 대규모의 투자와 공급사슬(supply chain)에 대한 통제가 필수적이기 때문에 이들이잠재적인 신규 진입자를 억제하는 효과가 있다. 소매기업은 로얄티 프로그램(loyalty program)의 도입을 통하여 고객의 구매 행태에 대한 중요한 정보를 수집할 뿐만 아니라 고객의 전환비용을 증가시켰다. 이렇게 로얄티 프로그램을 통하여 수집된 정보의 분석을 바탕으로 소매회사는 고객의 수요 특성을 반영한 상점 내 상품 진열과 지역 시장에 적합한 효과적인 제품 구성을 할 수 있다. 그리고 이들 소매회사는 기존의 정보시스템 기반시설을 바탕으로 온라인 소매업에 손쉽게 진출할 수 있으며, 이러한 전략은 고객에게 물품 구매에 있어 선택의 폭을 넓혀주는 것이며, 시장진입 발판을 마련하고자 하는 신규 진입자와 대체재 및 서비스의 영역을 제한하는 효과가 있다.

인터넷은 여러 산업에서 경쟁 구도를 바꾸었으며, 다양하고 새로운 비즈니즈 모델의 출현이 가능하게 하였다. 일반적으로 대부분의 산업에서 인터넷으로 인한 세 가지의 영향이 관찰된다. 포탈(portals)과 검색 엔진으로 인하여 온라인에서 보다 많은 선택의 대안이 생겨남에 따라 구매자의 협상력이 증대되었다. 그리고 공통의 관심을 기반으로 한 구매 집단이 생겨났으며, 이들은 개별적인 구매보다는 공동 구매를 한다. 또한 산업의 공급사슬(supply chain) 또는 가치사슬(value chain)을 통한 소비자와 구매자의 직접 거래(disintermediation) 추세와 구매자와 판매자를 연결하여 정보 기반의 서비스(reintermediation)가 생겨났다. 앞서 언급된 것처럼 거래중심(trading hub), 경매사이트, 전자시장 등은 판매와 구매 과정(process)에 커다란 영향을 미치고 있으며, 일부 산업에서는 이들 과정의 구조 조정을 야기하고 있다. 따라서 온라인 거래의 범위가 전 세계적이기 때문에 실제 그리고 잠재적 경쟁자들은 더 이상 지리적인 제약을 받지 않는다. 이러한 변화는 기업들이 다양한 경쟁 관련 이슈들에 대하여 고민하여야 한다는 것을 시사한다. 많은 경우에 대응책은 전환 비용을 증대시키고, 신규 진입자가 뚫고 들어올 수 있는 틈을 방지하기 위하여 정보 공유를 통한 판매자와 고객 사이의 연계를 강화하는 것이다.

<표-2> 정보기술과 정보시스템이 어떻게 경쟁세력에 영향을 주는가 - 항공 산업

| | |
|---|---|
| 1. 정보기술과 정보시스템이 어떻게 진입 장벽을 쌓을 수 있나? | - 예약시스템에 대한 정보기술(정보시스템) 진입 비용을 증대시킴<br>- 여행사 등을 통한 유통 경로의 결합<br>- 전략적 제휴 또는 시스템 통합을 통한 운송 능력과 발권 비용 공유 |
| 2. 정보기술과 정보시스템이 어떻게 고객에게 전환 비용을 부가할 수 있나? | - 고객 관련 간접비 절감을 위하여 구매와 지불(송금)시스템의 통합<br>- 단편적 구매를 억제하기 위한 할인/단체 상품 제공 |
| 3. 정보기술과 정보시스템이 어떻게 경쟁의 기준(토대)를 바꿀 수 있나? | - 비용 절감: 항공기당 수익률 제고(최적화)<br>- 차별화된 서비스 제공: 수요에 따른 항공기 좌석 수/등급 변경<br>- 고수익률 고객층 집중 공략<br>- 여행사를 우회한 직접 예약에 대하여 과잉서비스가 없는 저비용/저가 항공권 판매 |
| 4. 정보기술과 정보시스템이 어떻게 공급업자 및 고객과의 관계에서 힘의 균형을 변화시킬 수 있나? | - 여행사가 지속적으로 경쟁 항공사의 좌석의 여유가 있음을 앎<br>- 항공사가 사전에 선택된 여행사를 통하여 미판매 좌석을 홍보하거나, 판매 패턴에 따라 온라인 예약을 통하여 고객에게 다양한 가격에 직접 판매 |
| 5. 정보기술과 정보시스템이 어떻게 새로운 제품 또는 서비스를 창출할 수 있나? | - 여행사를 우회하여 비행거리가 많은 고객에게 통합된 여행 상품을 판매 |

Porter와 Millar, 그리고 일부 학자에 따르면, 기업이 어떤 산업에 속하던지 다음의 두 가지 질문에 대한 답을 찾아야 한다고 주장한다. 첫째, 어떤 경쟁세력이 산업의 미래와 기업의 잠재적인 성공을 결정하는가? 둘째, 누가 우리의 산업을 지배하고 있으며, 어떤 전략을 사용하고 있는가? 즉 기업은 경쟁이 치열한 오늘날의 기업 환경에서 경쟁우위를 확보하기 위하여 다음과 같은 구체적인 질문에 대한 답을 구하려고 노력하여야 한다.

- ▸ 누가 우리 산업에 진입할 수 있을까? 왜 진입하려고 할까? 진입 시 어떤 영향이 있을까?
- ▸ 어떤 대체재가 기존 제품의 시장에 영향을 미칠 수 있을까?
- ▸ 우리는 현재 어떤 기준(토대)으로 경쟁하고 있으며, 이는 어떻게 변할 것인가?
- ▸ 주요 자원에 대한 통제가 성공에 어떻게 영향을 미치는가?
- ▸ 구매자(고객)는 어느 정도의 힘과 결정권(구매 재량)이 있으며, 그들이 가진 힘과 결정권이 시장(제품)의 발전 가능성에 영향을 미칠 수 있는가?

<그림-4>에서 언급된 변화들을 야기할 수 있는 정보기술과 정보시스템의 잠재력이 경쟁세력 분석에 있어 점차 중요해지고 있다. 하지만 상기에 나열된 질문들은 비즈니스적인 측면에서 고려된 것들이며, 실제로 어느 특정 시점에 오직 하나 또는 두 개 정도의 경쟁세력이 결정적으로 영향을 미친다. 따라서 기업에 영향을 미칠 구체적인 경쟁세력이 확인되면 구체적인 정보기술 및 정보시스템 관련 질문이 기회 포착 또는 위협 제거(또는 감소)에 관한 방안을 찾는데 초점이 맞춰져야 한다. 다음 단계에서 정보기술과 정보시스템이 상대적으로 덜 중요한(영향이 적은) 경쟁세력들의 중요성을 미래에 바꿀 수 있을지 여부를 검토하여야 한다.

## ❑ 마무리 사례 – 1

### BNP파리바 CMO에게 듣는 '디지털 뱅킹 성공 전략'

CMO유럽계 금융회사인 BNP파리바가 내놓은 디지털 전문 뱅킹 브랜드인 '헬로 뱅크(Hello Bank)!' 전략은 18~35세의 연령층을 대상으로 소비자 경험을 지시하기 보다는 용이하게 한다는 것이다.

지난 6월 4일 시드니에서 열린 AMP 앰플리파이 페스티발(Amply Festival)에서 BNP 파리바 포티스(BPN Paribas Fortis)의 마케팅 및 의사소통 책임자 자비에 듀몬은 혁신적인 마케팅 전략과 그것을 점차 어떻게 발전시켰는지에 대해 이야기했다.

헬로 뱅크!는 2013년 5월 벨기에와 프랑스에서 모바일 전용 소비자 뱅킹 브랜드로 처음 공개되었으며, 그 해 하반기 이탈리아와 독일에서도 출시했다. 듀몬은 <CMO>와의 인터뷰에서 그 출시가 변화하는 소비자 행태뿐만이 아니라 더 젊은 세대의 소비자들이 자신들의 라이프스타일에 맞는 간편한 상시 뱅킹 제품과 서비스에 대해 갖고 있는 기대치를 충족하기 위한 것이었다고 밝혔다.

하지만 단 5개월 만에 제한적인 제품 설정과 접근방식을 재고해야 한다는 사실이 명백해졌다.

"첫 고객 조사 결과는 심각했으며 여러 중요한 영역에서 개선이 필요하다는 사실이 드러났다"고 듀몬은 말했다. "예를 들어, 모바일 접근방식은 너무 제한적일 뿐 아니라 노트북을 이용한 모바일 접속도 포함됐어야 했다. 그래서 우리는 전략을 바꾸기로 결정했다"고 그는 전했다.

### 1) 소비자 라이프스타일을 겨냥하라

벨기에에 위치한 젊은 세대 트렌드 에이전시인 트렌드월브스(Trendwolves)와 함께 헬로 뱅크!는 라이프스타일 브랜드로 재정립해, '버디 프린서플(Buddy Principle)'을 도입하고, 관심과 행동을 통해 구체적인 '집단'이나 소비자 커뮤니티를 겨냥하는 등 3가지 핵심에 기초하여 새로운 시장진입 전략을 수립했다.

"우리는 단순한 은행 이상이다. 우리는 다음 세대의 커뮤니티가 선택하는 라이프스타일이 되고자 한다"고 듀몬은 강조했다.

"나는 배트맨과 로빈 비유를 사용한다. 우리는 로빈이 되어야 하고 고객들은 영웅이 되어야 한다. 고객들이 배트맨이다. 우리는 겸손해야 하며 변화 과정에서 조력자가 되어야 한다고 생각한다."라고 듀몬은 밝혔다.

은행들은 젊은 세대들의 라이프스타일을 따라가지 못했기 때문에 매력을 잃게 되었다고 듀몬이 이어서 말했다. 반면 구글과 애플 등의 인기 브랜드는 소비자 수요를 충족하고 신뢰를 쌓기 위해 노력하고 있다.

"또 은행들은 접근방식과 제공하는 제품들이 유사했기 때문에 젊은 사람들은 은행들의 차이점을 몰랐다"고 그는 말했다. "문제는 자체적인 관련성이 감소하는 상황에서 관련성이 높은 브랜드들과 경쟁할 수 있는 방법"이었다.

"우리는 독립적인 브랜드인 헬로 뱅크!를 통해 뱅킹 업계를 벗어나 고객들과 직접 상호작용하는 라이프스타일 브랜드를 만들 수 있었다"고 듀몬은 전했다.

헬로 뱅크!는 특히 1995년 이후에 태어난 Z세대에 초점을 맞추었다. 듀몬에 따르면, 이런 소비자들은 꿈을 꾸고 자신의 존재를 알아주기를 바라는 Y 세대나 밀레니엄 세대와는 달리 성공, 생존, 견실함으로 규정할 수 있다.

이런 소비자 특성을 이용해 헬로 뱅크!는 대상으로 삼고자 하는 소비자 '집단'이나 커뮤니티를 정의했다. 집단에는 기술자, 기업가, 제트족 등이 포함될 수 있었다고 듀몬은 말했다.

"우리는 이런 각 집단의 관심과 관련된 이벤트와 활동에 초점을 두고 있다"고 그는 설명했다. 헬로 뱅크!는 현재 11개 집단을 분류했으며, 앞으로 더욱 발전할 것으로 그는 확신하고 있었다.

기본적인 목표는 디지털 생태계를 위해 가능한 많은 트래픽을 생성하는 것이라고 듀몬은 말했다. 거기에서 헬로 뱅크!는 소비자들을 고객으로 전환할 수 있는 방법을 모색하고 있다. 이 과정을 더욱 유연하게 하기 위해 듀몬은 점진적인 온라인 멤버십 시스템을 도입했다고 밝혔다.

### 2) 가닥의 상호 마케팅 전략을 구축하라

또 헬로 뱅크!의 마케팅 전략은 정비를 거쳐 현재 3개의 축에 기초하고 있다. 첫 번째는 교육 상호작용이다. 듀몬은 은행이 대학 교수들과 협력하여 헬로 뱅크!의 이야기를 마케팅 및 심리학과 학생들에게 상호적인 방식으로 설명했다고 말했다.

헬로 뱅크!를 사례 연구로 활용하면서 학생들은 마케팅 및 의사소통 계획을 수립했고 이 회사는 이런 과제에 귀를 기울이면서 전략에 대한 안내와 의견을 제공하고 있다. "이런 대상 그룹과 직접적으로 소통하는 것이 중요하다"고 듀몬은 강조했다.

전략의 두 번째 요소는 물리적인 경험과 디지털 경험을 조합하는 '피지탈(Physital)' 스토어를 출시하는 것이다. '피지탈' 팝업 스토어는 처음에 벨기에에서 3개월 동안 운영되었으며 3D 인쇄, 홀로그램, 자신만의 티셔츠 인쇄 등 상호작용 기술 요소를 포함했다. 듀몬은 또한 사진, 작곡, 글 쓰기 등 대상 고객들의 라이프스타일 관심사에 관한 일일 워크숍과 강의를 준비했다고 말했다.

"고객들은 온라인과 오프라인 채널을 다르게 생각하지 않는다"고 듀몬은 말했다. 때문에 헬로 뱅크!는 전통적인 소매 방식의 이점을 온라인 소매 방식의 이점과 결합하여 디지털 요소가 실제 세계와 원활히 통합될 수 있도록 했다.

세 번째 축은 고객과의 공동 창조이다. 이를 달성하기 위해 헬로 뱅크!는 제품과 서비스 개발을 지원하는 학생 컨설팅 그룹을 구성했다.

"이를 통해 우리는 항상 대상 집단과 연락을 취하고 우리의 제품을 그들의 변화하는 행태 및 필요에 맞출 수 있다"고 듀몬은 말했다. "학생 그룹은 영향력을 행사하기 때문에 우리와 함께 일하는데 관심이 있는 다른 사람들을 끌어들이기도 한다."고 그는 부연했다.

소비자들은 이미 헬로 뱅크!의 웹 사이트와 일련의 담보 제품을 다시 설계하는데 일조했으며, 해당 제품들은 올 해 말 출시 예정이다.

"이런 제품을 통해 우리는 전통적인 서비스에 도전하고 고객들의 필요에 귀를 기울여 우리의 프로세스를 발전시키고 최적화하는 방법을 개발하고 있다"고 듀몬은 말했다.

### 3) 비즈니스를 점유하라

이런 엄청난 변화가 저절로 이루어지는 것은 아니며, 듀몬은 헬로 뱅크!의 모델이 전통적인 은행에 대한 사고방식을 파괴하면서 순조롭게 출발하기가 쉽지 않다는 사실을 인정했다.

"첫 번째 단계는 경영진을 설득하여 우리가 하고 있는 일에 재정을 지원하고 싶게끔 만드는 것이었다."고 그가 말했다." 그리고 나서 이런 프로젝트를 함께 진행할 적절한 사람들을 찾아야 한다. 변화가 핵심이며 처음에는 항상 거부감이 존재하기 마련이다.

혁신은 단지 제품에만 있는 것이 아니라 접근방식과 이런 제품을 시장에 출시하는 방식에서도 찾을 수 있다.

이제 BNP 그룹의 거의 모든 사람들이 새로운 고객 역학을 구축하기 위해 고심하게 됐다. 듀몬은 이제 브랜드들의 경쟁 대상은 제품 차별화가 아니라 고객 참여라고 말했다.

"혁신은 단지 제품에만 있는 것이 아니라 접근방식과 이런 제품을 시장에 출시하는 방식에서도 찾을 수 있다"고 그는 강조했다. "우리의 대상 고객들은 자신의 관심사를 통해 헬로 뱅크!를 새로운 시각으로 바라보고 있다"고 듀몬은 전했다.

이런 혁신적인 접근방식의 결과 듀몬은 BNP의 광범위한 마케팅 팀들이 현재 대대적인 개혁의 필요성을 실현하고 있다고 말했다.

"그들은 차별화를 꾀해야 한다는 사실을 알고 있으며, 헬로 뱅크!는 차별화의 방법을 찾는 실험의 장이다"고 그는 밝혔다.

2년 후, 헬로 뱅크!는 40만 명의 고객을 유치했고, 대상 그룹에서 브랜드 인지도는 50%가 넘는다고 듀몬은 말했다.

마케팅 투자는 평균 이상의 투자보다는 성과 기반의 디지털 투자를 지향한다. 헬로 뱅크!의 핵심 투자 영역에는 커뮤니티 활동과 벨기에 음악 축제인 투모로우랜드(Tomorrowland) 등 헬로 뱅크!가 대상으로 보는 소비층을 위한 후원 행사가 포함되어 있다. 소셜 미디어도 중점 영역이다.

새로운 고객을 확보하는 것 외에 듀몬은 현재 고객들이 성장하고 있는 헬로 뱅크의 제품과 서비스를 지속적으로 이용하여 수익성을 창출하는데 집중하고 있다.

"우리는 여전히 일일 뱅킹과 소비자 대출에 제한되어 있지만 투자

제품을 출시할 방법을 찾고 있다"고 그는 덧붙였다. ciokr@idg.co.kr

<http://www.ciokorea.com/interview/25535?page=0,0> 2015.6.22.

## ❑ 마무리 사례 – 2

### '도시 빈민가의 탈태환골'미 버팔로 시의 빅 데이터 활용 사례

미국의 러스트 벨트(북부의 사양화된 공업지대)에 소재한 버팔로 시는 안토니 마시엘로 전 시장이 재직하고 있던 시절 빈민가 문제 해결 프로그램인 '오퍼레이션 클린 스윕(Operation Clean Sweep)'프로그램을 출범시켰다.

그리고 (2005년 12월 선출된) 현 브라이언 브라운 시장의 지휘 아래 이 프로그램은 수십 여 부서와 연방기관, 비영리 의료 및 인권 단체가 참여하는 협력 프로젝트로 변화했다.

프로그램 참가기관의 관계자들은 날을 정해 이들 거주지를 방문, 잡동사니와 쓰레기 더미를 없애고, 낙서를 지우고, 벽이나 바닥의 구멍을 메우고, 나무를 자르고, 지저분한 잔디를 깎고, 고장난 가로등을 고치고, 쥐 덫을 설치하고, 방치된 빈 집을 잠그는 활동을 한다.

또 취업 알선과 의료 서비스를 제공하고, 화재 경보기(연기 감지기)를 설치하고, 주택 관련 규정을 준수하고 있는지 점검하고, 주민 방범 프로그램을 수립하면서 주민들과 관계를 맺고 있다. 또 구강 위생 키트를 나눠주거나, 혈압을 측정하는 자원 봉사자들도 있다. 심지어는 설비 회사들도 이 프로그램에 참여하고 있다.

버팔로 311 콜 앤 레졸루션 센터(311 Call and Resolution Center)와 민원실 업무를 책임지고 있는 오스왈도 메스트레 주니어는 다음과 같이 전했다.

"버팔로는 상당히 오래된 도시다. 하부 구조와 기반 시설과 관련해 문제가 발생하곤 한다. 또 러스트 벨트에 해당하는 도시이다 보니, 주택과 관련해 많은 전화를 받는다. 우리는 이 데이터를 수집해, 매주 한 차례 해당 지역 주민들에게는 말을 하지 않고 두 블록에 해당하는 거리의 출입을 통제한다. 그리고 전문가들로 하여금 집집마다 방문을 하도록 한다. 또 정보를 제공한다."

그는 또 "연기 감지기가 없는 집에는 이를 설치한다. 일산화탄소 감지기 또한 마찬가지다. 각 기관은 주민들에게 자신이 해줄 일에 대해 묻고, 이야기를 나눈다. 또 우리는 이런 활동을 하면서 삶의 질과 관련된 정보를 수집하고 있다"고 말했다.

그는 이어 "이 지역의 주민들은 공무원들과 대화를 하기 꺼리는 경향이 있다. 그러나 이런 활동을 할 때는 거부감을 느끼지 않는다. 이야기를 나누는 동안 나무를 자르고, 잔디를 깎고, 경찰관들이 주위를 순찰하기 때문이다. 이렇게 완전히 다른 관계를 구축한 후 해당 장소를 떠난다"라고 덧붙였다.

클린 스윕 활동은 케이블 TV를 통해 생방송이 된다. 메스트레에 따르면, 이 생생한 리얼리티 TV 프로그램은 버팔로 지역에서 가장 인기 있는 프로그램 중 하나로 자리 잡았다. 이 프로그램은 범죄 예방 효과만 가져오는 것이 아니다. 정부가 이 빈곤층을 버리지 않았음을 적극적으로 알려 이들 주민들에게 희망을 제시한다. 실제 이곳 주민들의 삶을 개선되고 있다.

메스트레는 최근 콘스텔레이션 리서치(Constellation Research)의'2013 수퍼노바 어워드( 2013 SuperNova Award)'의 '차세대 고객 체험과 의사 결정을 위한 데이터(Data to Decisions and Next Generation Customer Experience)' 부문의 최종 후보자로 이름을 올렸다. 이는 이 연구조사 및 컨설팅 회사가 새로운 파괴적인 기술을 조직에 적용해 혁신을 창출해

낸 사람들의 공적을 알리기 위해 주관하는 시상식이다.

콘스텔레이션 리서치는 이와 관련, "공공 부문에서 빅 데이터를 이용하면 '파괴적 혁신'을 가져올 수 있다. 그러나 많은 기관들이 아직까지 이런 잠재력을 깨닫지 못하고 있다. 버팔로 시는 데이터에서 통찰력을 추출하고 있다. 이 데이터를 이용해 가장 시급히 자원을 제공해야만 할 지역을 파악하고 있다. 인력을 결집하고, 연방, 주, 지방 정부, 공동체 단체, 비영리 단체 등 정부 부서와 기관들이 새롭고 혁신적인 협력 모델을 추진함으로써 비용 효과적인 공공 서비스를 제공하고 있다"고 메스트레를 최종 후보로 선정한 이유를 설명했다.

### 1) 경제 성장과 더불어 빅 데이터를 이용, 프로그램을 확대

버팔로는 초기 7~8차례의 클린 스윕 활동을 진행했다. 그리고 주관적으로 클린 스윕 활동을 펼칠 지역을 선정했다. 그러나 2007~2008년 경제가 어려워지면서 자원이 부족해지기 시작했다. 버팔로 시는 프로그램을 확대하기 시작했다. 이렇게 하기 위해서는 방법을 토대부터 바꿔야 했다. 더 이상 '직감'으로 클린 스윕 장소를 선정할 수는 없었다.

시는 2008년 311 콜 앤 레졸루션 센터를 설립했다. 그리고 311과 911로 걸려온 전화에 대해 데이터, 인구조사의 빈곤 지수, 인구 분포도, 실업 관련 데이터를 분석했다. 가장 어려운 지역을 파악해, 이 곳에 자원을 우선 제공하기 위해서였다.

메스트레는 "사람, 프로세스, 기술이 가장 중요했다. 우리는 가능한 이를 최상으로 활용할 방법을 찾았다. 정부는 시민들의 문제에 더욱 빠르게 반응을 할 수 있어야 하고, 그렇게 해야만 한다. 311 콜센터는 여기에서 정말 중요한 역할을 했다. 우리는 스스로 질문을 던졌다. 우리가 가진 데이터로 뭘 해야 할까? 사람들은 전화를 걸어 큰 구멍이나 맹견, 시끄러운 소음에 대해 불평을 한다. 특정 문제를 경감하는 것 말고 이들 데이터는 무엇을 말해줄까? 예를 들어, 연기가 나면 화재가 발생했다는 이야기이다. 우리는 데이터를 분석함으로써, 노력과 활동을 일치시키고 일관되게 투자 및 추진할 수 있었다"고 말했다.

### 2) 버팔로의 빅 데이터 활용법

버팔로 시는 311 콜 앤 레졸루션 센터와 911로 걸려온 불평불만을 수집했다. 그리고 사례 관리와 해결을 위해 'KANA LAGAN CRM' 시스템에 이 데이터를 입력했다. 이 시스템은 문제들을 추적하고, 위치를 파악하고, 각 부서의 문제들을 하나의 시스템에 저장, 시 정부 기관에 거주지 상태에 대한 방대한 정보를 제공했다. 그러면 시 정부 산하 부서와 비영리 단체들이 이 정보를 바탕으로 사안들의 우선순위를 정해, 더 나은 서비스를 제공하게 된다.

메스트레는 "311과 911 전화가 출발점이다. 그리고 여기에 패턴이 있는지 확인을 한다. 우리는 이런 일을 할 때마다 문제들을 발견하곤 했다"라고 말했다.

2006년~2007년 연간 6~8차례 시행됐던 클린 스윕 프로그램 활동은 이후 크게 확대됐다. 2012년에는 27차례에 이를 정도였다. 여기에 두 차례 소규모 활동을 곁들였다. 프로그램 파트너들은 6,075시간의 인시를 자발적으로 투자했다. 그리고 5,400 부지의 문제를 해결했다. 버팔로는 한 해 동안의 클린 스윕 활동이 종료되는 10월까지 27차례 활동을 펼칠 계획이다.

### 3) 데이터 사일로 문제를 해결하는 것이 '도전'

데이터를 통합하는 데 많은 도전이 따랐다. 버팔로 시의 MIS(Management Information Systems) 부서는 여러 부서의 장을 모아 부서별 정보 사일로 문제를 제거하고, 유용한 데이터 세트를 파악하고, 이들 데이터 세트를 가장 잘 다룰 방법(예, 여러 부지를 통합적으로 파악해 선택하는 것)을 확정해야 했다. 브라운 시장은 데이터 사일로를 없앨 것을 강력 주장하면서 힘을 실어줬다.

메스트레는 "전 부서를 311 시스템으로 통합할 수 있었다. 이는 이런 '사일로'를 부수는 데 큰 도움이 됐다. 현재는 모든 부서가 통합된 상태다"라고 말했다.

그는 "데이터를 한 장소에 통합하면서 노력을 두 배, 세 배, 네 배로 증폭시키는 것이 쉬워졌다. 이를 통합할 리더십, 장비, 소프트웨어가 있었고, 이를 통해 프로그램을 확대하고, 많은 다양한 파트너들과 추가 제휴를 할 수 있었다. 우리는 이를 매달 한 차례 또는 격주로 시행했었다. 그러나 지금은 주 한 차례로 늘린 상태다"라고 덧붙였다. ciokr@idg.co.kr

<http://www.ciokorea.com/interview/18348> 2015.7.14.

# 02 | 정보시스템 계획

## 1. 정보시스템 계획의 필요성과 중요성

포괄적이고 효과적인 정보시스템 계획은 조직에서 정보시스템 성공의 비결이라고 할 수 있으며, 좋은 계획은 효과적인 정보시스템 관리를 하는 데 있어 하나의 기초가 될 수 있다. 일반적으로 기업의 관리계층은 전략적, 관리적, 그리고 운영적 계층으로 구분될 수 있으며, 이들 계층에서 각각 장기(전략) 계획, 중기 계획, 그리고 단기 계획을 수립한다. 조직에서 정보시스템 부서도 자신의 통제 하에 있는 여러 가지 자원의 효과적이고 효율적인 사용을 계획하여야 하는 여러 계층의 관리자들로 구성되어 있다는 점에서 다른 기능부서와 유사하다고 하겠다.

정보시스템 부서의 관리자는 아래와 같은 여러 가지 중요한 이유 때문에 사전에 계획을 세운다.

### 1) 기술의 급격한 변화

기술의 급격한 변화는 정보시스템 개발에 대한 다양한 방법을 제시한다. 기술이 변화함에 따라 기업이 자신도 모르게 호환성이 없는 시스템에 투자하는 실수를 범하지 않도록 하기 위하여 계획은 점차 중요하게 된다.

### 2) 경험이 많은 정보시스템 전문가의 희소성

기업이 정보시스템 계획을 수립하는 데 있어 정보 분석가, 프로그래머, 시스템 디자이너, 프로젝트 관리자 등의 역할이 중요하다. 그러나 이들 전문가의 공급이 충분하지 않아 기업이 효과적인 정보시스템 계획을 수립하는 데 어려움을 겪고 있다.

### 3) 조직 자원의 제약

일반적으로 기업은 한정된 재무적, 인적, 물적 자원을 가지고 있다. 따라서 기업의 정보시스템 역시 한정된 자원을 확보하기 위하여 다른 투자 기회들과 경쟁하여야 한다. 따라서 정보시스템 부서는 효과적인 계획 수립을 통하여 정보시스템에 대한 자원을 보다 효과적으로 확보할 수 있다.

### 4) 조직의 정보시스템에 대한 의존성

전자상거래 기업을 포함한 많은 기업에서 새로운 전략의 실행은 정보시스템에 크게 의존하고 있어 조화를 이룬 계획이 요구된다.

정보시스템 계획 과정은 조직의 전반적인 계획의 필수적인 부분이 되어야 하며, 정보시스템 부서는 변화하는 자원에 대한 필요성을 지속적으로 극복하여야 한다. 기업이 변화하는 환경에 대처하기 위하여 사업 계획 수립에 자원을 사용하는 것처럼, 정보시스템 부서도 환경 변화에 효과적으로 대응할 수 있도록 계획 수립에 자원을 투자하여야 한다. 기업의 사업 계획과 정보시스템 부서의 계획이 범위와 관점에서는 다르지만, 정보시스템 계획은 기업의 사업 계획과 상호 밀접한 관계를 맺고 있다. 이들 계획들은 각 기업의 고유한 특성에 맞게 수립되어야 하며, 마찬가지로 정보시스템 계획도 각 기업이 처한 상황에 맞게 수립되어야 하며 환경이 변함에 따라 수정되어야 한다.

## 2. 정보시스템 계획의 계층 구조

일반적으로 정보시스템 계획은 후속적인 계획 수립의 기본 틀이 되는 전략적 계획의 수립으로부터 시작된다. 각각의 계획 수립 단계는 이전 단계의 계획을 보다 상세하게 서술하는 것이라고 할 수 있다. 정보시스템 계획은 전략적(strategic), 장기적(long - range), 중기적(medium - range) 그리고 단기적 (short-range) 계획으로 이루어진 계층 구조를 형성하고 있다고 할 수 있다.

### 1) 전략적 정보시스템 계획

전략적 정보시스템 계획은 정보시스템 부서의 목표, 목표 달성을 위하여 필요한 자원, 그리고 자원의 획득, 사용 및 처분에 관한 방침을 정하는 과정이라고 할 수 있다. 전략적 정보시스템 계획은 아래와 같은 순서에 의해 수립될 수 있다.

① 정보시스템 부서의 임무 또는 헌장 설정.
② 정보시스템이 기업에 가져다줄 수 있는 기회, 위협, 위험 등을 파악하기 위한 공식적 환경 평가 실시.
③ 기업의 전략적 목표와 연계하여 정보시스템 부서가 달성하여야 할 바람직한 정보시스템 부서 목표의 설정.
④ 정보시스템 부서의 목표가 어떻게 달성될 수 있는지를 개략적으로 기술한 행동 지침인 정보시스템 전략의 개발.
⑤ 전략을 수행하는 데 사용될 지침으로서 정보시스템 부서의 정책의 정의를 바탕으로 정보시스템 부서는 정책 수립에 있어 노력의 체계화, 한정된 자원의 효과적인 할당, 예산 수준의 책정 등을 특히 중시함.
⑥ 정보시스템 부서의 목표, 전략, 정책을 장기, 중기, 단기 계획으로 구체화함.
⑦ 계획의 실행, 계획 대비 실행 진척도 측정, 적절한 계획 수립 과정의 반복적 재사용.

정보시스템 계획 수립에 있어 우선적으로 해야 할 것은 조직에서의 정보시스템 부서의 헌장(임무)을 정의하는 것이며, 이는 조직 전체의 목표(목적)을 바탕으로 이루어져야 한다. 정보시스템 부서의 헌장을 제정하고 이를 조직 전체에 알리는 것은 최고 경영층의 의무라고 할 수 있다.

조직에서 정보시스템 부서의 광범위한 임무를 설정한 후, 정보시스템 부서에 부과된 환경과 제약 조건들이 고려되어야 한다. 조직의 목표, 전략, 정책, 조직 내 사용자 부서와 그들의 정보 요구 사항 그리고 현재와 미래의 정보처리 기술 등이 이들 제약 조건이 된다.

정보시스템 부서의 임무 설정과 환경 평가를 한 다음, 정보시스템 부서의 목표들이 정의되고, 이들 목표를 달성하기 위한 전략이 수립되어야 한다. 또한 이들 전략을 수행하기 위한 지침들이 정보시스템 정책이 된다. 이들 구체적인 정책들은 예산, 인력, 소프트웨어, 하드웨어 등의 자원 할당과 사용, 조직 내에서 정보시스템 부서의 구성과 감독 등에 관한 내용을 다루고 있다.

앞서 설명된 것처럼 전략적 정보시스템 계획의 틀(framework)이 완성되면, 전략적 계획 과정이 실행 계획으로 넘어가게 된다. 즉 포괄적이고 조직 전반적인 목표와 전략이 장기, 중기, 단기 실행 계획으로 옮겨지게 된다. 실행 계획이라고 하는 것은 좀 더 상세하고, 구체적이며, 명확한 계획을 의미한다.

때때로 전략적 계획과 장기 계획을 구분하기 어려울 때도 있을 수 있다. 하지만 전략적 정보시스템 계획은 최고 경영층의 주도 하에 의하여 수립되고, 장기와 중기 계획은 전략적 계획을 바탕으로 수립된다고 구분을 하면 된다. 즉 전략적 목표는 다른 정보시스템 계획에 부과되어 있는 제약 조건이라고 이해할 수 있다. 따라서 계획들 사이에는 제약의 계층을 이루고 있다고 할 수 있다. 다시 말하면, 장기 계획의 목표는 중기 계획의 목표를 제약하게 되고, 중기 계획은 단기 계획의 목표를 제약하게 되며, 단기 계획 목표는 개별 프로젝트의 제약 조건이 된다. 그리고 각각의 계획 단계에서 보다 많은 자원이 정보시스템 부서에 할당된다고 할 수 있다. 첫째, 전략적 계획에 초점을 맞춤으로써 기업은 계획의 계층 구조를 따라 보다 구체적인 계획으로 나아가면서 자원의 비효율적 배분 위험을 줄일 수 있게 된다.

### 2) 장기적 정보시스템 계획

장기적 정보시스템 계획은 구체적인 프로젝트 또는 일련의 프로젝트를 다루지 않고 정보시스템 사용자들의 정보 필요성 또는 서비스 유형을 다루는 계획이다. 이점이 장기적 정보시스템 계획과 중기적 정보시스템 계획의 주된 차이점이다. 5년에서 10년의 시간 범위를 가진 장기 개념적 계획은 전략을 수행하기 위한 일반적인 행동 방침과 광범위한 자원의 종류와 관계가 있다. 계획의 시간적 범위는 구체적인 조직의 정보시스템 자원의 필요성(needs)과 조직의 정보시스템 기능에 달려있다.

장기적 정보시스템 계획에는 프로젝트 개발 일정이나 우선순위가 구체적으로 정해지지 않으며, 단지 필요한 자원의 개략적인 추정치만 표시된다. 장기적 정보시스템 계획은 전략적 계획에 의해 부과된 제약하에서 매년 갱신되어야 한다. 그리고 정보시스템에 대한 필요성(needs)과 소요 자원은 매년 계획을 갱신할 때 변화할 수 있고 변화되기도 한다고 일반적으로 가정할 수 있다. 구체적인 애플리케이션에 대한 논의는 없지만 장기적 정보시스템 계획은 조직의 장기 우선순위에 따라 개발되고, 구축하여야 할 애플리케이션의 주요 특성과 정보처리 분야의 일반적인 추세를 다루어야 한다. 장기적 정보시스템 계획을 수립하는 데 투자하여야 하는 시간과 노력은 전략적 계획을 준비하는 데 투자하여야 하는 시간과 노력보다는 많지만 중기적 계획을 수립하는 데 필요로 하는 시간과 노력에 비하면 상대적으로 적다고 할 수 있다. 장기적 정보시스템 계획은 고위 관리자와 조직의 정보시스템 위원회에 의하여 수립되고 최고경영층의 승인을 받아야 한다.

(1) 장기적 정보시스템 계획 수립 방법

장기적 정보시스템 계획은 ① 배경(background)정보 수집, ② 전반적인 정보시스템 자원의 필요성(needs) 분석, ③ 장기적 계획 문건 작성의 세 단계를 거쳐 수립된다.

① 배경정보 수집:

장기적 정보시스템 계획 수립을 위하여 정보기술 부서는 정보시스템에 대한 조직(기업)의 전략적 목표, 미래의 하드웨어 및 소프트웨어의 특성, 컴퓨터 기술과 사회·경제적 변화에 의하여 미래에 영향을 받을 인적자원이 가지는 특성, 법률·규정 등으로 인한 잠재적 외적 압력, 시스템 사용자들이 예측하는 향후 5~10년 동안의 정보서비스의 포트폴리오(종류), 사용자와 정보시스템 관리자 측면에서 본 현재의 주요 문제점들에 대한 정보를 수집한다.

② 전반적인 정보시스템 자원의 필요성 분석:

배경정보 수집을 바탕으로 장기적인 관점에서 인력·하드웨어·소프트웨어 자원에 대한 수요를 유형(type), 용량(capability), 수량(quantity) 그리고 시기에 관하여 최소한 개념적으로 분석해야한다. 미래의 인력·하드웨어·소프트웨어 자원에 대한 전반적인 수요는 현재 사용 가능한 자원을 고려하여 미래의 정보서비스 요구를 충족시켜줄 수 있는 지를 생각하여 결정한다. 예를 들면, 향후 5년 뒤에 조직(기업)의 활동이 해외시장으로 확대될 것으로 예상된다면 보다 많은 국경 간 데이터 전송 시설의 필요성이 강조되어야 한다.

③ 장기계획 문건 작성:

전반적인 정보시스템자원의 필요성 분석 결과의 개요와 이들이 정보시스템 기능과 조직(기업)에 대한 시사점을 서술한다. 장기계획 문서는 정보시스템 사용 목적, 미래 추세에 대한 예측, 자원 계획, 조직에 대한 영향, 정보시스템의 규모와 구조, 잠재적 위험과 기회 등을 기술한다.

장기적 정보시스템 계획 문서에 포함되는 항목들은 목표 서술, 미래 정보시스템 환경에 대한 예측, 미래 사용자 환경의 예측, 미래 산업 환경의 예측, 정보시스템 전략 및 평가에 대한 대안, 시스템개발 계획, 인적자원 계획, 예산 계획, 시설물 계획, 조직 계획, 교육 계획, 하드웨어 계획, 실행 계획, 정보시스템 평가 계획, 정보시스템 부서원의 장·단점 요약 등이다.

장기적 정보시스템 계획과 중기적 정보시스템 계획의 차이는 크지 않으며, 다만 각각의 계획이 다루는 내용과 시간 범위가 다를 뿐이다. 장기적 정보시스템 계획은 상대적으로 간결하고 덜 상세한 필요성, 자원, 일정, 목표 등을 다루고 있다.

### 3) 중기적 정보시스템 계획

중기적 정보시스템 계획의 산출물은 조직(기업)이 현재 필요로 하는 정보를 제공하여줄 수 있는 정보시스템을 개발하기 위한 종합계획(master plan)이다. 종합 계획은 우선순위에 따라 구축해야 할 프로젝트의 포트폴리오, 하드웨어와 소프트웨어 구매 계획, 다년간 진행될 프로젝트 및 개발 활동을 위한 예산과 인력수급 계획 등을 포함한다. 중기적 정보시스템 계획은 관리적인 측면에 초점을 맞추어야 하며, 구체적인 프로젝트와 활동에 의해 달성될 수 있는 중기적 정보시스템 목표를 고려하여야 한다. 또한 정보기술 부서는 종합 계획을 통하여 ① 프로젝트 포트폴리오 개발, ② 프로젝트에 대한 우선순위 결정, ③ 선택된 프로젝트에 대한 소요 자원 및 실행 계획 정의, ④ 종합계획 문서 작성 등을 한다.

① 프로젝트 포트폴리오 개발

정보시스템 부서는 프로젝트 포트폴리오를 통하여 조직(기업)에 도움을 줄 수 있는 사용자 응용프로그램 또는 유틸리티 프로그램 개발 및 현재 사용하고 있는 시스템 운영체계의 향상과 같은 내부 정보시스템 프로젝트를 확인할 수 있다. 프로젝트 포트폴리오는 현재의 상태와 상관없이 중기적인 관점에서 사용자 또는 정보시스템 부서에서 예측하는 모든 프로그램의 목록이라고 할 수 있다. 프로젝트 포트폴리오에 속하는 프로젝트 유형으로는 현재 개발이 진행 중인 응용프로그램, 개발이 승인되었으나 아직 개발이 시작되지 않고 지체되고 있는 응용프로그램, 장기적 정보시스템계획에 포함되어 있는 프로젝트, 사용자 요청사항, 기존 시스템에 대한 대대적인 수정 프로젝트, 새로운 정보기술 또는 경영전략에 따른 정보의 필요성으로 인하여 새롭게 개발하려는 프로그램 등이다. 이런 여러 가지 유형의 프로젝트들은 최고경영층, 사용자 부서, 정보시스템 부서, 그리고 경쟁자나 소프트웨어 개발업체, 컨설턴트 등에 의해 발의될 수 있다.

② 프로젝트에 대한 우선순위 결정

모든 조직(기업)은 다수의 잠재적인 정보시스템개발 프로젝트를 가지고 있다. 그러나 조직이 가지고 있는 자원이 한정되어 있어 모든 정보시스템 프로젝트를 동시에 개발하고 실행할 수 없다. 어떤 프로젝트는 조직 전체를 위한 것이며, 어떤 것은 기능 부서를 위한 것이고, 또 어떤 것은 정보시스템 부서에서 요청하는 것일 수 있다. 따라서 기업은 어떤 기준을 가지고 이들 프로젝트들을 개발하여야 하는데 이들의 우선순위를 정하는 것이 결코 쉬운 일은 아니다. 이들 프로젝트들은 자기들끼리 경쟁하는 것뿐만 아니라 현재 개발 중인 정보시스템, 지체되어 있는 프로젝트,

기존 정보시스템을 향상시키는 프로젝트, 그리고 주요한 기존 응용프로그램 수정 프로젝트 등과 경쟁하여야 한다. 따라서 프로젝트 포트폴리오의 우선순위를 결정하기 위한 기준으로서 기업의 자원배분 정책 또는 조직의 목표 등이 사용될 수 있다. 일반적으로 정보시스템 사용자 대표, 최고경영층과 정보시스템 부서의 대표가 참여하는 정보시스템 위원회가 프로젝트들의 우선순위를 결정하도록 하는 것이 매우 중요하다고 하겠다. 그리고 프로젝트들의 우선순위에 대한 이유를 명시한 문서를 작성하여 이를 중기적(종합) 정보시스템계획의 일부분으로 보관하여야 한다.

조직에서 프로젝트의 우선순위를 평가하는 데 있어 계량적인 기준뿐만 아니라 정성적인 기준도 사용되므로 프로젝트의 우선순위를 정하는 것이 결코 쉬운 일은 아니다. 하지만 기업은 아래와 같은 평가기준들을 적용하여 프로젝트의 우선순위를 평가할 수 있다.

(a) 프로젝트 개발을 하는 데 있어 어떤 논리적인 순서를 따라야 한다. 즉 특정 프로젝트(정보시스템)이 다른 애플리케이션에 선행되어야 하는가?
(b) 조직이 개발하려는 정보시스템을 충분히 소화할 수 있고 사용할 수 있는가? - 조직의 타당성 평가
(c) 정보시스템 개발에 대한 일정은 어떠한가? - 시간적 제약 조건
(d) 정보시스템 개발에 얼마만큼의 인적·물적 자원이 필요한가? - 자원 수요
(e) 개발하려는 정보시스템이 조직의 주요 문제를 해결하거나 핵심 업무를 다룰 수 있는가? - 문제 해결 또는 기회 포착
(f) 개발하려는 정보시스템이 조직의 수익성에 미치는 직·간접적인

영향은 무엇인가? - 경제적 타당성 평가

(g) 정보시스템을 개발하는데 필요한 기술이 이용 가능한가? - 기술적 타당성 평가

(h) 개발하려는 정보시스템이 조직의 전반적인 목표 및 전략에 부합하는가?

(i) 개발하려는 정보시스템이 현재 사용 중이거나, 개발 중이거나, 계획 중인 정보시스템과 어떠한 관계가 있는가?

(j) 개발하려는 정보시스템이 유사한 조직에서 구축하여 사용중인 정보시스템과 어떻게 비교가 되는가?

(k) 개발하려는 정보시스템의 홍보적인 가치는 무엇인가? 즉 개발하려는 정보시스템이 정보시스템 부서에서 제공하는 서비스에 대한 최종사용자와 경영층의 신뢰를 향상시킬 수 있는가?

위에 나열된 대부분의 프로젝트 평가기준들은 무형적인 요소들을 반영하고 있다. 따라서 프로젝트의 우선순위를 사용자 부서의 관리자, 최고경영층, 그리고 정보시스템 부서 관리자가 합동으로 결정하는 것이 아주 중요하다. 또한 프로젝트의 우선순위가 결정된 것에 대한 이유를 문서에 명시하는 것이 아주 중요하다. 이 문서는 정보시스템 종합계획서(master plan)의 일부분이 될 수 있으며, 주기적으로 검토되고 갱신되어야 한다.

③ 정보시스템개발 계획 수립(소요자원 및 실행 계획)

프로젝트 포트폴리오가 확정되고 나면 각각의 프로젝트에 대한 세부적인 개발 계획을 수립하여야 한다. 이들 계획들은 각각의 프로젝트와 관련하여 필요한 자원과 작업일정을 명시하여야 한다. 작업일정은 가까운 미래의 작업일정은 아주 꼼꼼하고 상세

하게, 먼 미래의 작업일정은 다소 일반적으로 작성되어야 한다. 또한 각각의 프로젝트는 개발 및 운용의 주요 단계별로 세분화되어야 하며, 각각의 주요 단계별로 일정이 확정되어야 한다. 그리고 다양한 정보시스템을 지원하기 위하여 필요한 하드웨어, 소프트웨어 기술, 시설, 그리고 인력을 결정하여야 한다. 또한 지원활동을 수행하기 위하여 필요한 자원은 계량적으로 일정과 함께 구체적으로 표시되어야 한다.

④ 정보시스템 중기적 계획(master plan) 문건(종합계획 문서 작성)
중기적 계획 과정은 중기적 계획 문건을 작성함으로써 종결되며, 중기적 계획 문건은 단기적 계획 과정 및 정보시스템 계획에 필요한 상세한 정보를 제공하는 토대가 된다. 따라서 중기적 계획은 개별 프로젝트의 시작과 종결 사이에 있을 수 있는 유휴 인력과 장비가 발생하는 것을 방지해 주는 다년 간 작업 계획이라 할 수 있다. 중기적 계획 문건은 장기적 계획 문건의 시스템 개발 계획 부분에 포함되어 있는 정보와 중기적 계획 수립 과정에 실행된 활동에 근거하여야 한다.

중기적 계획 문건은 일반적으로 세 부분으로 구성되어 있다. 첫 번째 부분은 현재의 정보시스템 상황을 묘사하고 분석하며, 문제점과 필요한 사항들을 도출해 낸다. 두 번째 부분은 애플리케이션 포트폴리오를 나열하고, 개별 프로젝트의 우선순위를 결정하고, 중앙 집중적 애플리케이션과 분산형 애플리케이션을 구분한다. 세 번째 부분은 두 번째 부분에서 언급된 애플리케이션의 시사점을 정보시스템과 관련된 실체들 간의 조직적 구조, 인적 자원 배분, 훈련, 예산 등과 관련하여 논의한다. 전형적인 중기적 계획 문건은 아래의 목록으로 구성되어 있다.

(a) 소개와 경영종합보고 :

이 부분은 보고서의 목적을 기술하고, 중기 계획 프로젝트 구축 방법론과 이에 투자되는 자원을 서술하며, 주요 발견점과 권고사항을 요약한다.

(b) 현재 정보시스템 상황 :

이 부분은 조직의 하드웨어 배치, 소프트웨어, 애플리케이션, 인력, 그리고 조직의 정보시스템과 관련된 비용을 구체적으로 묘사한다.

(c) 현재 상황에 대한 진단:

이 부분은 현재 상황에 대한 분석과 현재의 상황에서 파생되는 문제점들과 필요한 사항을 서술한다.

(d) 원칙 :

이 부분은 조직의 전략과 장기계획에 근거하여 공용의 데이터베이스, 정보시스템의 분산화 또는 집중화, 최종사용자 컴퓨팅 등과 관련된 장래계획을 강조하는 원칙들을 명시한다.

(e) 애플리케이션 포트폴리오 :

이 부분은 미래에 개발할 애플리케이션들에 대한 우선순위와 이들에 대하여 간략하게 서술한다.

(f) 분산화 또는 집중화 부분 :

많은 조직에 있어 정보시스템 자원과 노력의 중앙집중화 또는 분산화가 매우 중요한 문제점으로 부각되고 있다. 이 부분은 분산화 정책에 대한 기준을 설정하고, 관련 이해당사자 간에 포트폴리오에 제시된 애플리케이션을 일관성 있게 할당한다.

(g) 조직에 대한 시사점:

이 부분은 사용자 부서 안에서 요구되는 기능들을 포함하여 조직 내에서 정보시스템과 관련된 주체들의 조직적 구조를 논의한다.

(h) 정책 :

이 부분은 인력채용과 승진, 훈련, 내부 소프트웨어 개발, 하드웨어와 소프트웨어 취득, 최종사용자 컴퓨팅, 정보시스템, 그리고 정보센터 등과 관련된 주요 정책들을 설명한다.

(i) 예산 :

이 부분은 정보시스템의 하드웨어, 소프트웨어, 인력의 개발과 유지로 구분하여 미래의 투자와 비용에 대한 예상 금액을 보여준다.

(j) 계획 및 개발에 관한 절차:

이 부분은 연간 단기계획을 수립하기 위하여 필요한 절차를 묘사하고 있으며, 만약 조직의 프로젝트 개발 기준이 명확하지 않다면 정보시스템 생명주기에 대한 원칙을 제시한다.

(k) 실행계획:

이 부분은 중기적 계획 문건의 마지막 부분으로서 중기적 계획의 권고사항을 이행하기 위하여 경영층이 하여야 할 구체적인 행동들을 명시한다. 실행계획은 다양한 활동(조치)들에 대한 책임자의 역할을 분명히 하여야 하며, 각 활동들의 완성일정표를 구체적으로 명시하여야 한다.

(l) 중기 계획 수립 참여자

중기계획의 수립과 승인에는 일반적으로 정보시스템 부서, 사용자 부서, 정보시스템 위원회(기능 부서의 최고경영자와 정보시스템 부서의 최고책임자로 구성), 그리고 최고경영층이 참여한다.

최고경영층과 정보시스템 위원회가 조직의 목표, 그리고 정보시스템 부서의 목표와 역할을 정의한다. 정보시스템 부서는 현재 상황에 대한 정보를 제공하며, 사용자 부서는 정보시스템 부서 및 정보시스템 위원회와 함께 각각의 프로젝트들을 확인하고 우선순위를 정한다. 정보시스템 부서와 해당 사용자 부서들이 구체적인 프로젝트 개발 일정과 요구사항들을 제시하며, 정보시스템 부서는 중기 계획 문건을 작성한다. 정보시스템 위원회는 중기 계획을 승인하거나 중기 계획의 수정을 요구할 수 있다. 정보시스템 부서는 중기 계획이 승인될 때까지 수정안을 조정한다. 최고경영층은 중기 계획(master plan)을 검토한 후 승인하거나 수정을 위하여 전단계로 돌려보낼 수도 있다. 중기 계획을 수립하는 데 있어 강조되어야 하는 점은 사용자 부서와 정보시스템 부서가 함께 문건 작성 작업에 참여, 정보시스템 위원회의 관여, 그리고 최종 중기 계획에 대한 최고경영층의 승인과 확고한 지원이다.

전략적 계획, 장기 계획, 중기 계획, 그리고 단기 계획 가운데 많은 조직에 있어서 중기 계획이 가장 중요한 단계로 인식되고 있다. 이러한 이유는 전략적 계획과 장기 계획은 너무 광범위하고, 정보기술이 빠르게 변화하기 때문에 조직이 5년 이상을 예견하는 것이 어려우므로 전략적 계획과 장기 계획은 다소 불확실성이 많기 때문이다.

많은 조직들이 중기 계획을 수립하는 데 있어 외부 전문가 또는 자문회사를 고용하는 것을 선호한다. 조직들이 이렇게 하는 이유는 첫째, 내부 자원이 일반적으로 현재 진행 중인 프로젝트에 묶여있을 경우가 많이 있어, 중기 계획과 같은 과중한 프로젝트를 수행할 수 있을 정도로 전적으로 자유로울 수 없기 때문이다. 둘째, 모든 조직이 조직 전체를 이해할 수 있고, 조직적인 사안과 정보시스템 쟁점을 집약할 수 있는 지적 역량이 요구되는 중기 계획을 다룰 수 있을 정도의 능력 있는 인적 자원을 가지고 있지 못하다는 것이다. 셋째, 중기 계획을 수립하는데 있어 고도의 객관성이 요구되기 때문이다. 즉 내부 구성원들은 대개 선입견이 있을 수 있으나, 외부 자문위원들은 좀 더 객관적이고 내부의 정치적인 문제에 영향을 덜 받는 경향이 있기 때문이다.

따라서 다음의 두 가지 선결조건이 충족된다면 외부 자문위원을 고용하는 것이 권장된다. 첫째, 운영위원회가 임명되어 외부 자문위원의 중간 및 최종 보고서를 검토하고 감시할 수 있어야 한다. 둘째, 기술전문가인 연락담당자가 있어 외부 자문위원이 조직 내부에서 프로젝트를 수행하는 데 어려움이 없도록 도와줄 수 있어야 한다.

### 4) 단기적 정보시스템 계획

단기 운영계획은 단기적인 목적 달성을 위한 성과 목표와 구체적인 업무, 일정, 예산과 관련이 있으며, 단기 운영계획은 일반적으로 일 년 또는 이 년에 걸친 정보시스템 계획을 다룬다. 하지만 많은 조직(기업)에서 단기 운영계획은 일반적으로 정보시스템 연간 계획이라고 할 수 있다. 중기(종합) 정보시스템 계획에 있어 가장 우선수위가 높은 프로젝트들이 차기 년도의 단기 계획에 포함된다. 단기 정보시스템 계획은 중기 정보시스템 계획보다 정보시스템 프로젝트에 대하여 보다 상세하게 기술하고 있다.

단기 운영계획은 새로운 시스템의 개발뿐만 아니라 기존 정보시스템의 향상 또는 유지와 관련된 프로젝트들을 포함하고 있으며, 일반적으로 매년 한 번씩 갱신된다. 단기 정보시스템 계획 수립 과정에는 주로 정보시스템 부서의 구성원들인 정보시스템 부서의 장, 프로젝트 매니저 그리고 시스템 운영, 프로그래밍, 시스템 디자인 및 기술 지원 부문의 매니저 등이 참여한다. 하지만 단기 정보시스템 계획 최초 단계에는 정보시스템 사용자의 목표와 정보시스템 서비스에 대한 필요성을 결정하기 위하여 일반적으로 사용자 부서 관리자들의 적극적인 참여가 요구된다.

단기 운영계획의 최종 산물은 정보시스템 부서의 연간 예산 계획과 운영 계획이며, 이들 계획들은 당해 연도에 행하여 질 활동들과 이를 실행하는 데 필요한 자원을 개략적으로 기술하고 있다. 일반적으로 단기 운영계획에 다음과 같은 항목들을 포함시킬 수 있다.

① 정보시스템 서비스의 목표와 개요
이 부분은 단기 운영계획 작성 시 고려한 가정들을 나열하고 당해 연도의 정보시스템 부서의 목표를 명시한다. 그리고 이 부분은 단기 운영계획의 후속 부분으로서 전반적으로 필요한 자원, 총 비용, 취득해야 할 주요 하드웨어와 소프트웨어 등을 요약하여 보여준다.

② 응용프로그램 개발과 유지 계획
이 부분은 당해 연도에 개발될 모든 응용프로그램들을 묘사하며, 각각의 응용프로그램을 목표, 필요한 자원(인력, 컴퓨팅 시간, 예산), 스케줄 및 주요 날짜 측면에서 보여준다. 또한 이 부분은 정보시스템 유지 활동에 필요한 자원의 수요에 대하여 기술한다.

③ 운영 계획
이 부분은 각각의 기능 부서에서 사용하는 주요 응용프로그램별 데이터 입력, 연산, 출력물 품질관리, 데이터 저장 및 전송과 같은 작업량(work load)을 기술한다. 또한 이 부분은 각각의 응용프로그램들이 작업량을 감당하는 데 필요로 하는 인력, 장비, 자재 등의 자원을 보여준다.

④ 기술지원 계획

이 부분은 응용프로그램 개발, 시스템 유지 및 운영 활동을 지원하기 위하여 필요한 활동과 자원을 설명한다. 또한 이 부분은 컴퓨터 성과 평가, 당해 연도의 컴퓨터 장비 설치, 소프트웨어 설치, 데이터베이스 관리, 통신 네트워크 관리, 시스템 조정과 시스템 사용자, 응용프로그램 개발 또는 시스템 운영 인력에게 제공하는 기타 기술적 지원의 세부 계획으로 나누어 질 수 있다.

⑤ 표준화 실행 계획

이 부분은 시스템 디자인, 프로그래밍, 데이터, 보안, 그리고 시스템 감사에 적용하는 표준화 작업을 실행하는 데 필요한 주요 날짜와 자원을 기술한다.

⑥ 직원 채용 및 편제 계획

이 부분은 미래의 활동을 위하여 필요한 정보시스템 부서의 주요 조직 구조의 변화를 보여준다. 또한 이 계획은 총 인력 수요, 직종별, 각 부서별, 프로젝트별, 그리고 활동별 인력 수요를 요약하여 보여주며, 이들 필요한 자원을 획득하기 위한 실행계획의 개요를 서술한다.

⑦ 교육 및 훈련 계획

이 부분은 기존 및 신규 직원에게 정보시스템 사용에 필요한 기술을 개발시키기 위한 실행계획의 개요를 서술한다.

⑧ 시설 계획

이 부분은 장비와 인력 같은 자원을 어떻게 수용할 것인가에 대한 전체적인 계획을 다룬다.

⑨ 재정 계획

이 부분은 당해 연도에 정보시스템을 개발·운용·유지·향상시키는 데 필요한 비용과 정보시스템과 관련된 활동으로부터 야기되는 수입에 대한 내용을 다룬다. 즉 재정 계획에 있어 운영 예산은 각각의 정보시스템과 부서에 분산된 비용으로 표시되며, 정보시스템 사용과 관련하여 예상되는 모든 수입이 명확히 기술되어야 한다. 만약 비용이 최종사용자에게 부과된다면 운영 예산은 예상되는 분배원칙에 의해 최종사용자에게 배정되어야 한다.

포괄적인 정보시스템 계획 과정의 마지막 단계는 연간 운영계획(단기 정보시스템 계획)의 점검 및 갱신이라고 할 수 있다. 원래의 정보시스템 계획은 특정 시점에 정보시스템 부서와 관리자가 정보시스템 또는 정보시스템 서비스와 관련하여 어디에 위치해야 한다고 동의한 것을 말해주고 있다. 그러나 정보시스템과 관련된 주변 환경이 변하고, 이는 지속적으로 정보시스템 계획에 영향을 미치고 있기 때문에 정보시스템 계획의 갱신을 위한 첫 번째 단계는 계획된 자원을 가지고 지금까지 무엇을 달성했는가를 아는 것이다. 이러한 지속적인 정보시스템 계획의 갱신이 이루어지지 않는다면 정보시스템 계획은 쓸모없는 것이 될 것이다. 결론적으로 말하면 연간 운영계획에 대한 적절한 점검 및 갱신이 효과적인 정보시스템 계획의 필수조건이라 할 수 있다.

## 3. 정보시스템 개발 전략

기업(조직)은 다양한 정보시스템 개발 전략을 이용하여 정보시스템을 개발하고 있다. 어떤 정보시스템 개발 전략은 정보시스템을 개발하는 데 있어 적절하고 효과적인 반면에 어떤 전략은 적절하지 못 할 수 있다. 기업에서 흔히 사용하는 적절치 못한 정보시스템 개발 전략과 적절한 정보시스템 개발 전략은 아래와 같다.

### 1) 적절치 못한 전략:

#### (1) 임시 변통적인(Ad Hoc) 방법

임시 변통적인 방법은 사전계획 없이 정보시스템 개발을 실행할 때 채택하는 방법이다. 따라서 종합적인 정보시스템 개발 계획 없이, 각각의 정보시스템의 통합에 대한 고려를 하지 않고 정보시스템을 개발하는 방법이다. 이러한 방법을 조직(기업)이 채택하였을 경우 각각의 고립적인 정보시스템(islands of information systems)을 초래하게 된다. 임시 변통적인 방법은 조직(기업)이 급속한 변화를 겪을 때만 정당화될 수 있는 정보시스템 개발 전략이라고 할 수 있으며, 조직이 안정되면 이들 정보시스템들은 일반적으로 새롭게 설계되어야 한다.

#### (2) 데이터 - 수집(Data-Collection) 방법

데이터 수집 방법은 정보시스템에 사용되는 모든 데이터를 확보한 후에 정보시스템이 가장 잘 개발될 수 있다고 가정하는 방법이다. 즉 데이터 수집 방법은 조직(기업) 내에서 유통(사용)되는 모든 종류의 데이터의 대표 표본이 수집된 후에 정보시스템을 개발하는 접근법을 말한다. 이는 모든 관리계층과 운영계층에서 필요로 하는 아주 상세한 데이터를 저장하는 커다란 데이터베이스의 구축 및 유지를 필요로 하는 데이터베이스 접근법과 유사하다고 하겠다.

이 방법은 기업이 일반적으로 모든 필요한 정보를 사전에 예측할 수 없기 때문에 정보시스템을 개발하는 유일한 방법은 조직에서 생성되는 모든 데이터를 저장하고 이들 데이터를 추출하고 처리할 수 있는 도구를 제공함으로써 가능하다는 논리에 근거를 두고 있다. 하지만 이 방법은 조직 내의 모든 데이터를 수집·저장·갱신(update)하는 것과 시스템 사용자가 정보가 필요할 때마다 특별한 데이터 처리를 한다는 것이 불가능하기 때문에 커다란 실제적 어려움이 있다.

(3) 조직도(Organizational Chart) 방법

조직도 방법은 조직 내의 정보시스템은 일반적으로 조직의 라인을 따른다는 것을 가정하고 있다. 정보시스템 간의 상호 정보교환은 불규칙하게 일어나지만 조직의 여러 기능에 중요한 기본적인 거래 데이터는 각각의 기능 부서 중심의 정보시스템에 의하여 반복적으로 분리되어 이루어진다고 볼 수 있다. 이 방법은 기업에서 많이 사용되고 있으며 이론적으로도 그럴 듯 하지만 실제적인 문제점을 야기할 수도 있다. 예를 들면, 각각의 응용프로그램을 독립적으로 개발하게 되면 상당량의 중복된 시스템 디자인 노력을 초래할 수 있다. 그리고 데이터처리와 조직의 정보 수요는 기존의 조직 경계와 늘 일치하는 것은 아니다. 예를 들면, 판매 거래는 판매, 유통, 외상매출금, 완제품 재고, 그리고 일반 계정원장과 관련하여 직접적으로 활동을 촉발시킬 뿐 아니라, 생산과 구매 시스템에 간접적으로 활동을 촉발시키게 된다.

조직의 경계를 엄격히 지키는(조직의 경계와 일치하는) 정보시스템은 부서 간의 활동을 지원하는 데 어려움이 있다. 공통된 코딩(coding) 계획을 사용하도록 하여 부서 간 정보 교환을 할 수 있도록 하는 규정이 제정되어 있지 않으면 조직 내에서 기존의 라인(부서)이 아닌 다른 라인에 속하는 정보를 획득하기가 어렵다.

## 2) 적절한 전략:

(1) 하향식(Top-Down) 방법

하향식 방법은 사용자들이 필요로 하는 정보가 결정되면 이들 정보를 제공할 수 있는 정보시스템이 디자인될 수 있다는 것을 가정하고

있다. 이 방법은 정보시스템의 개발을 필요로 하는 부서(조직)의 목표를 정의하는 것으로부터 시작한다. 그리고 정보시스템을 사용할 부서의 활동들을 확인한 후에 이들 활동들을 수행하는 데 필수적인 의사결정들을 구체적으로 명기한 후 이들 의사결정에 필요한 주요 정보들이 결정된다. 다음으로 추후에 시스템 통합을 염두에 두고 세부 시스템들을 정의하고 이들의 개발 우선순위를 결정한다. 흔히 사용되는 하향식 시스템개발 방법은 IBM에서 개발한 비즈니스 계획 방법(business planning method)이다.

하향식 방법의 핵심은 조직의 전반적인 정보 요구사항의 확인과 이를 바탕으로 한 정보시스템 개발이다. 정보시스템을 개발하기 전에 정보 요구사항(필요한 정보)의 확인을 강조함으로써 다양한 정보시스템의 통합을 용이하게 할 수 있다.

(2) 상향식(Bottom-Up) 방법

상향식 방법은 종합적인 개념적 프레임워크 안에서 운영적 정보를 생성하는 하부 정보시스템(subsystems) 개발을 시작으로 하여, 관리적 정보를 생성하는 하부 시스템을 추가하는 방식이다. 상향식 방법을 바탕으로 하는 중기적 계획은 사용자의 정보 요구에 부응하기 위한 필요한 세부 시스템을 순차적으로 개발하고 통합할 수 있도록 계획을 수립한다.

상향식 시스템 개발은 조직의 실제적 정보 필요성에 대응하여 확장된다. 상향식 방법의 단점은 조직의 전반적인 정보 필요성을 사전에 추정할 수 없다는 것이다. 따라서 다양한 정보시스템의 통합의 최적화를 이루기가 쉽지 않다는 것이다. 즉 정보시스템이 확장됨에 따라 초기의 정보시스템 디자인이 미래의 정보시스템 규모를 충분히 감당할 수 없기 때문에 정보시스템이 새롭게 디자인 되어야 한다.

### (3) 점진적(Evolutionary) 방법

점진적 또는 모듈 방식은 상향식 방법의 극단적인 형태로서 조직의 전체적인 모델이 정의되어 있지 않다. 그러나 상향식 방식과 달리 점진적 방식은 정보시스템의 전체적인 프레임(틀) 조차도 정의하지 않는다. 점진적 방식은 운영적 정보 필요성이 대두될 때마다 정보시스템을 개발할 뿐만 아니라, 정보시스템의 통합 필요성이 제기될 때마다 정보시스템을 통합하는 방식이다.

하지만 점진적 방법은 임시 변통적인(Ad Hoc) 방법처럼 완전히 임의적으로 정보시스템을 개발하는 것이 아니라 장기적, 중기적, 그리고 단기적 계획이라는 방법을 바탕으로 정보시스템 개발이 추진된다.

### (4) 병행적(Parallel) 방법

병행적 정보시스템 개발 방법은 상향식 방법과 하향식 방법의 단점을 최소화 하는 반면에 이들 방법들의 장점을 구현하려는 시도이다. 병행적 방법은 첫 단계로 운영적 정보시스템(operational information systems)과 관리적 정보시스템(management information systems)을 독립적으로 개발하고 운용한다. 운영적 정보시스템과 관리적 정보시스템이 개발되어감에 따라 운영적 정보시스템에서 생성된 정보가 가능한 한 많이 관리적 정보시스템의 투입물(input)으로 사용될 수 있도록 하는 노력이 필요하다. 동시에 이미 개발된 운영적 정보시스템에서 생성된 정보를 활용할 수 있도록 관리적 정보시스템을 개발하여야 한다. 병행적 방법이 일관성 있게 잘 수행된다면 운영적 정보시스템과 관리적 정보시스템이 함께 묶여질 수 있으며 궁극적으로는 하나의 통합된 정보시스템으로 발전할 수 있다.

병행적 방법은 운영적 정보시스템과 관리적 정보시스템의 개발이 독립적으로 시작되지만, 이들 정보시스템들이 통합을 추구하여 서로를 향하여 통제된 진화(변화)과정을 거치기 때문에 outside-in 방법이라고 불리기도 한다.

### (5) 중심-외부(Middle-Out) 방법

중심-외부 방법은 프로토타이핑과 design-by-using에 의존하여 정보시스템을 개발하는 방식이다. 중심-외부 방법은 정보시스템 개발의 각 단계에서 일반화(상향식)과 구체화(하향식)의 순환적 과정을 바탕으로 하고 있다.

전통적으로 하향식 방법이 환경에 대한 전체적인 관점을 바탕으로 정보시스템 개발을 하는데 비하여 중심-외부 방법은 환경에 대한 전체적인 관점을 크게 염두에 두지 않고 정보시스템을 개발한다.

중심-외부 방법은 의사결정지원시스템을 개발하는 데 많이 사용되며, 개발하려고 하는 정보시스템이 목표하는 문제해결을 위하여 중요하지만, 전체적인 문제해결로부터 분리될 수 있는 프로토타입 시스템을 빠른 시일 내에 개발하고, 이를 전체적인 문제해결과 관련 있는 부분에 사용하도록 한다.

### (6) 최적의 정보시스템 개발 전략은?

앞서 다양한 정보시스템 개발 방법이 제시되었다. 따라서 어떤 정보시스템 개발 방법이 최상의 것일까 하는 의문이 생길 수 있다. 각각의 정보시스템 개발 방법은 장·단점을 가지고 있기 때문에 정보시스템과 관련된 여러 가지 이슈들과 마찬가지로 모든 조직에 최적인 방법은 존재하지 않다고 할 수 있다. 정보시스템 마스터플랜을 실행하는 데 있어 조직의 상황을 고려하여 상기에 제시된 어떤 정보시스템 개발 방법을 사용하여도 무방하다고 할 수 있다. 하향식 방법과 상향식 방법이 대안으로 제시되었지만 결코 이 두 가지 방법이 상호 배타적이지 않으며, 병행적 방법은 본질적으로 하향식 방법과 상향식 방법을 혼합한 형태로 볼 수 있다.

하향식 방법은 정보시스템 개발이 조직의 중요한 미션이어야 하며, 정보시스템 개발은 조직의 목표와 전략에 반영되어야 한다는 것을 강조하는 학자들이 일반적으로 선호하는 정보시스템 개발 방법이다. 반면에 상향식 방법은 일반적으로 실무자들이 선호하는 정보시스템 개발 방법이며, 현실에 있어 보다 흔히 사용되는 방법이라고 할 수 있다. 하지만 조직 환경에 맞게 사용된다면 상기에 설명된 각각의 정보시스템 개발 방법이 성공적인 정보시스템 마스터플랜을 위한 토대가 될 수 있다. 즉 조직에서 사용하려고 하는 정보시스템 개발 방법은 조직의 구조, 조직구조의 복잡성, 조직의 규모, 조직 환경, 경영자의 경영철학, 정보시스템 계획 및 개발 과정에 있어 최고 경영층의 참여도, 그리고 정보시스템에 대한 조직의 경험 등을 고려하여야 한다.

## 4. 애플리케이션 포트폴리오 관리

조직의 환경이 변함에 따라 정보시스템 사용자들이 필요로 하는 정보도 변하게 된다. 따라서 조직의 정보시스템은 일반적으로 시간이 흐름에 따라 가치가 떨어진다고 할 수 있다. 따라서 조직은 정기적으로 기존의 정보시스템이 사용자들의 정보 욕구를 잘 충족시켜주고 있는지 검토할 필요가 있다. 만약 정보시스템이 사용자들이 필요로 하는 정보를 효과적으로 충족시켜주지 못할 경우 정보기술 부서는 기존의 정보시스템의 향상 또는 새로운 정보시스템의 개발을 통하여 사용자의 정보 수요를 충족시켜 주어야 한다.

기업(조직)은 한정된 자원을 가지고 정보시스템 사용자들의 정보 수요를 충족시켜주어야 하므로 기존의 정보시스템과 새로운 정보시스템 개발 사이에 균형잡힌 예산 배분 및 집행을 하여야 한다. 따라서 조직은 정보시스템 포트폴리오를 구성하는 데 있어 ① 만족도 분석, ② 전략적 및 운영적 분석, ③ 비용·효익 분석 등의 체계적인 방법을 사용하여 포트폴리오 구성을 하여야 한다.

### 1) 만족도 분석(Satisfaction Analysis)

만족도 분석의 첫 단계는 정보시스템 포트폴리오를 구성하는 모든 애플리케이션에 대하여 만족도 분석을 실시하는 것이다. 이를 위하여 사용자 부서와 정보시스템 부서는 각각의 애플리케이션에 대하여 만족도 등급표를 작성한다. 만족도 분석은 사용자 부서와 정보시스템 부서에서 중요하다고 생각하는 요인들에 초점을 맞추어야 하며, 이들 요인들에 대하여 정서적인 인식 정도를 계량화 한다.

사용자 부서에서 일반적으로 만족도에 영향을 미친다고 생각하는 중요한 요소들은 바람직한 기능, 정보시스템의 사용 용의성, 사용자를 위한 문서, 건전한 비용/효익 비율, 바람직한 정보시스템 설계 등 이다. 반면에 정보시스템 부서에서 만족도에 영향을 미친다고 생각하는 중요한 요소들은 잘 작성된 문서, 최신의 프로그래밍 언어로 작성된 소프트웨어, 정보시스템 운용의 용의성, 정보시스템의 상대적 무고장 정도, 프로그램의 구성의 효율성 등 이다.

만족도 분석을 위하여 조직은 각각의 애플리케이션에 대하여 상기에 제시된 요소들에 대하여 "0(불만족)"에서 "10(만족)"까지의 등급을 표시하고 이들 등급을 합산한다. 다음으로 "X"축은 정보시스템 부서의 만족도, "Y"축은 사용자 부서의 만족도로 하여 2차원의 그래프를 만들어 각 애플리케이션에 대한 만족도 등급 합산 점수를 아래와 같이 그래프에 표시할 수 있다.

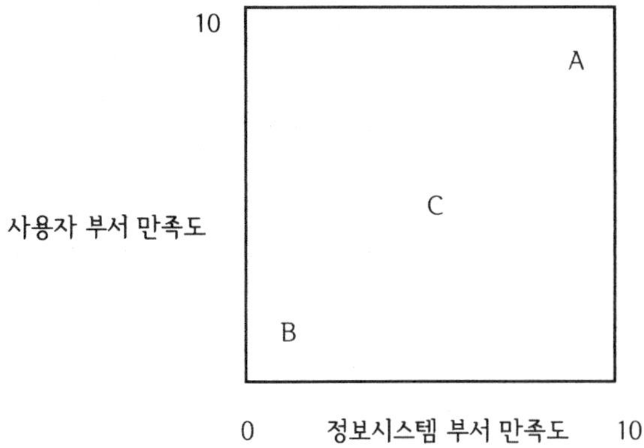


만족도 분석 결과 그래프

<그림-5> 사용자 만족도 분석

<그림-5>는 3개의 애플리케이션에 대한 만족도 분석 결과를 보여주는 것으로서 “A” 애플리케이션은 새로운 애플리케이션이며, “B” 애플리케이션은 개선 작업이 필요하거나 제한적인 효용성이 있는 애플리케이션이고, “C” 애플리케이션은 개발한 후 일정기간이 지난 애플리케이션으로서 대부분의 조직에서 절대 다수를 차지하고 있는 전형적이고 평균적인 애플리케이션을 보여주고 있다고 할 수 있다. 일반적으로 새롭게 개발한 애플리케이션은 처음에는 그래프에서 “A”의 위치에 있다가 점차 시간이 흐름에 따라 조직에서의 정보 필요성이 변화함에 따라 효용가치가 감소하게 되어 “C”의 위치를 지나 “B”의 위치로 이동하게 된다.

만족도 결과에 따라 조직은 어떤 애플리케이션에 추가적인 자원 지원을 할 것인가 등의 의사결정을 할 수 있다. 또한 조직이 어떤 애플리케이션에 대하여 추가적인 자원 지원을 할 필요성을 느끼지 못할 경우 이들 애플리케이션은 유효성이 상대적으로 떨어진다고 판단하여 더 이상 정보시스템 개선 노력을 기울일 대상에서 제외시킬 수 있다.

### 2) 전략적 및 운영적 분석(Strategic and Operational Analysis)

어떤 애플리케이션에 추가적인 자원을 투자할 것인가를 평가하기 위하여 관리자들은 정보시스템의 전략적(장기적) 또는 운영적(단기적) 가치를 평가하기도 한다. 달리 말하면, 조직의 고위 관리자, 정보시스템 부서의 책임자, 그리고 사용자 부서의 관리자가 각각의 정보시스템의 현재 가치 및 현재부터 미래까지의 잠재적 가치를 신중히 평가하여야 한다. 이러한 평가를 하기 위하여 관리자들이 각각의 정보시스템에 대하여 전략적 중요성과 운영적 중요성에 대하여 "0(낮음)" 에서 "10(높음)" 까지의 점수로 평가한 후에 이를 "X" 축은 운영적 가치, "Y" 축은 전략적 가치로 하여 아래와 같이 2차원의 그래프 상에 표시할 수 있다.

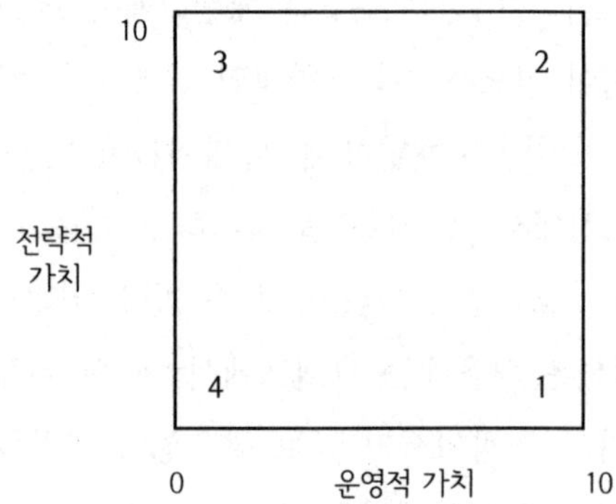


전략적/운영적 가치 분석 결과

<그림-6> 정보시스템의 전략적/운영적 가치 분석

<그림-6>의 1번에 속하는 전형적인 애플리케이션으로는 급여 관리 시스템, 미지급금 관리 시스템 또는 자동인출기 시스템 등으로 정보시스템 부서와 사용자 부서가 운영적 가치는 높으나 전략적 가치는 상대적으로 낮다고 평가하는 정보시스템들이다.

2번에 속하는 애플리케이션으로는 미국의 Merrill Lynch사의 종합자산 관리시스템(cash management account system), American Airline사 SABRE (Semi-Automated Business Research Environment)시스템과 Dell.com사의 온라인 맞춤 주문 시스템(customized order placing system) 등이 있다. 정보시스템 사용자들은 이들 애플리케이션들이 운영적·전략적으로 회사에 중요하고 필수적인 정보시스템으로 인식하고 있다. 즉 이들 정보시스템들은 회사에 운영적 중요성뿐만 아니라 전략적 경쟁우위를 가져다주었다고 알려졌다.

3번에 속하는 애플리케이션으로는 초등학교에서 사용하는 computer-aided instruction시스템 또는 최고경영자 지원시스템 등이 될 수 있다. 이들 정보시스템들은 조직에 상대적으로 낮은 운영적 중요성을 가져다주는 반면에 장기적이고 전략적인 이익을 가져다 줄 수 있는 잠재력이 있다고 하겠다.

마지막으로 4번에 속하는 애플리케이션으로는 상대적으로 전략적·운영적으로 크게 중요하지 않다고 하겠다. 이 부류에 속하는 전형적인 애플리케이션으로 일회성 통계분석 프로그램, 이-메일 시스템, 문서작성 프로그램 등을 들 수 있다.

정보시스템의 전략적·운영적 가치 분석에 있어 애플리케이션의 사용자(소유주)는 조직의 전략적 목적과 목표를 고려하면서 정보시스템 부서의 도움을 받아 평가를 하여야 한다. 특히 신생 기술을 바탕으로 한 정보시스템을 평가할 때와 주요 개선 작업을 필요로 하는 정보시스템들을 평가할 때는 정보시스템 부서의 전문지식을 활용하는 것이 올바른 평가를 하는 데 있어 큰 도움이 될 수 있다.

### 3) 비용 · 효익 분석(Costs and Benefits Analysis)

비용·효익 분석은 각각의 정보시스템으로부터 야기되는 비용과 효익의 가치를 재무적으로 계량화하여 평가하는 방법이다. 이 분석 방법이 유효하기 위해서는 정보시스템이 작동하지 않았을 때 발생하는 비용과 정보시스템으로부터 발생하는 무형의 효익도 포함되어야 한다. 무형적인 효익의 예로서 사용자 만족도, 정보시스템 부서의 만족도, 전략적 중요도, 운영적 중요도 등이 포함될 수 있다.

비용·효익 분석 방법을 사용하는 데 있어 대부분의 경우에는 고도의 정교한 데이터가 필요한 것은 아니다. 달리 말하면, 약 20 퍼센트의 오차 범위 내에서 비용과 효익을 예측할 수 있다면 이들 데이터를 이용하여 비용·효익 분석을 실시할 수 있다. 비용·효익 분석을 실시함에 있어 재무적 완전성(financial integrity)을 보장하기 위하여 돈의 시간적 가치가 고려되어야 한다.

정보시스템의 비용·효익 분석을 하는 경우 일반적으로 정보시스템 사용자 부서에서 정보시스템의 효익에 대한 정보를 제공하고, 정보시스템 부서에서는 정보시스템 개발 및 구축에 대한 비용 정보를 제공한다. 정보시스템의 효익은 순수하게 재무적인 것 또는 대체로 무형적인 것일 수 있다. 하지만 정보시스템의 비용은 반드시 실제적이고 유형적인 것이어야 한다. 정보시스템들에 대한 비용·효익 분석이 끝나면 그 결과를 정리하여 정보시스템들의 현 상태를 도표를 사용하여 보여줄 수 있다. 비용·효익 분석의 결과는 정보시스템들에 투자할 자원의 우선순위를 결정하는 데 활용될 수 있으며, 경우에 따라서는 서비스를 중단해야 할 정보시스템들을 확인하고 이들에 대한 퇴역 순위를 정하는 데 사용될 수도 있다.

## ❏ 마무리 사례 – 1

### 인텔 CIO에게 배우는 'IT의 가치 홍보하는 방법'

킴 스티븐슨의 리더십 하에 인텔의 IT팀은 IT계획과 성과를 소개하기 위해 자신들의 연례 보고서를 만들고 여기에 멀티미디어 콘텐츠용 모바일 앱까지 발표했다.

대부분의 CIO들은 IT가 비즈니스에 어떠한 가치를 제공하는지 마케팅하는데 서툴다. IT부서는 자신들의 성공을 축하하지 않으려고 하거나 설령 축하한다 해도 이를 타 부서에 알리지 않고 내부에서만 축하하고 만다. 이는 IT가 기여하는 가치를 다른 부서가 인정하지 않음을 의미할 뿐 아니라 IT가 비용이라는 잘못된 인식을 만들게 한다.

필자의 책 '세계적인 수준의 IT전략 수립하기: IT가 어떻게 조직의 혁신을 주도하나'에서 필자는 높은 성과를 내는 CIO들이 경영진부터 일반 사원들에 이르는 전사적인 IT의 공헌을 회사가 어떻게 계속해서 인정하게끔 하는지에 대해 언급했다. 이러한 일을 잘 해내고 있는 CIO가 드물긴 하지만, 그러한 CIO 중 한 사람이 바로 인텔 CIO인 킴 스티븐슨이다. 그는 기업연례보고서의 IT버전을 만든 인물이다. 전형적인 기업연례보고서와 마찬가지로 스티븐슨의 IT버전은 지난해의 성과와 내년의 전망, 그리고 특히 중요한 재무 정보를 담고 있다. 이는 IT에 투자된 돈에 분석과 이 투자에서 창출된 가치를 뜻한다.

스티븐슨의 2013 연례보고서는 '강력한 프라이빗 클라우드 구축, 영업부서의 협업을 위한 소셜 플랫폼 개발, 인텔의 세일즈&마케팅 담당자들이 주요 고객들에게 적시에 최적의 상품을 제안하는데 집중할 수 있도록 함으로써 단위 영업 주도를 지원하는 분석 시스템 개발'과 같은 성과를 강조하고 있다.

매년 업데이트되는 IT동향에는 빅데이터, 클라우드 컴퓨팅, 보안 등이 주제에 대해 인텔 IT부서가 어떤 견해를 가지고 있는지에 대해서도 설명하고 있다. 2013 보고서는 이러한 것들을 다룬 기사에서 다양한 주제들을 다뤘다.

- 우리의 IT환경 : 스티븐슨의 팀이 관리하는 기술과 인당 IT투자비 같은 통계 자료를 요약했다.
- 구현 가능한 보호 : IT정보보안을 담당하는 제너럴 매니저인 크리스 셀러스는 회사 보안 전략에 대해 설명했다.
- 변화 수용 : IT운영 담당 제너럴 매니저인 데이비드 아이레스가 주도하는 소비자화를 인텔 IT부서가 수용하는 방법을 설명했다.
- 디자인 혁신 : 제품 개발 IT를 담당하는 제너럴 매니저인 댄 맥키온은 인텔 IT가 제품 디자인의 가속화와 변혁을 지원하는 방법 설명했다.

물론, 연례보고서는 매년 발간되는 보고서다. 좀더 자주 업데이트된 정보를 제공하려면 IT가 무엇을 할 수 있을까? 좀더 자주 업데이트된 정보를 제공하려면 IT가 무엇을 할 수 있을까? 스티븐슨은 "인텔 IT팀이 소셜 채널과 모바일 기기를 사용해 우리의 동료들과 회사에 정보를 전달하는 방법을 재발견할 대담한 아이디어를 내놓았다"고 밝혔다. 이 아이디어는 스마트폰용 모바일 앱과 태블릿용 디지털 잡지를 통해 인텔 전문가에 대한 기사를 정기적으로 제공하는 '인텔 IT 비즈니스 리뷰(Intel IT Business Review)' 앱 개발이라는 결실로 이어졌다.

"이러한 노력이 추구하는 바는 통찰력과 성공사례를 공유하고 정기적으로 IT전문가, 고객, 동료들과 함께 독자들을 이어주면서 우리의 노력과 중요한 지점에서 독자들을 참여시키는 것"이라고 스티븐슨은 강조했다.

이 앱은 백서, 비디오, 팟캐스트, 인텔 IT연례보고서 등의 멀티미디어 콘텐츠를 제공한다. 인텔은 이 앱으로 IT전문가들이 소셜 네트워크에서 콘텐츠를 공유할 것을 독려하고 인텔 IT부서가 일 년 내내 커뮤니케이션을 계속하도록 지원할 것이라고 전했다.

이러한 아이디어는 모두 인텔 IT부서의 노력에 적극적으로 동참하도록 확대 기업이라는 그림 안에서 추진됐다. 더 중요한 것은 이러한 활동은 IT의 가치와 성과를 알리고 문서화하는 IT부서의 방향을 바꿨다. 스티븐슨은 기업이 투자자들에게 회사의 실적을 전달할 때에도 이와 같이 하길 희망했다. 더 많은 IT간부들이 스티븐슨을 따라 해야 할 것이다. ciokr@idg.co.kr

<http://www.ciokorea.com/interview/22887> 2014.11.05.

## ❑ 마무리 사례 – 2

### 행간의 의미를 간파하라! 클라우드 SLA의 함정

클라우드 SLA(Service Level Agreement)를 숙지하는게 왜 중요한지를 보여준 사례가 발생했다. 이 사례를 통해 클라우드 SLA 항목이 갖는 행간의 의미를 확인해 보고 서비스 업체의 말에 속지 않을 10가지 팁을 알아보자.

2014년 11월 19일 텍사스에 있는 한 회사의 IT부서는 직원들로부터 마이크로소프트 오피스 365 클라우드 기반 이메일 시스템을 이용할 수 없다는 보고를 받았다.

사용자들이 전화기와 아웃룩에서 이메일을 쓸 수 없는 상태였다. 시간이 지나면서 일부 사용자의 이메일이 정상 상태로 돌아왔지만, 여전히 이메일을 사용할 수 없는 사람들도 있었다. 또 미국 내 직원들의 문제가 해결되자, 해외 직원들이 유사한 문제가 발생했음을 알려오기 시작했다. 일부 직원들은 24시간 동안 이메일을 사용하지 못했다.

서비스 중단 사고 이후, IT책임자들은 SLA(Service Level Agreement)를 위반했다면서 앞다퉈 마이크로소프트에 계약상의 권리를 주장했다. SLA에 따르면, 매달 99.9%의 시간 동안 오피스 및 다른 마이크로소프트 온라인 서비스를 사용할 수 있어야 한다. 이에 미치지 못할 경우, 25%의 크레딧을 고객에게 제공해야 한다. 그러나 마이크로소프트의 답변은 IT책임자들을 당황하게 만들었다. 웹을 통해 서비스를 이용할 수 있었기 때문에, 기술적으로 서비스가 중단된 것이 아니며, 따라서 SLA 위반이 아니라는 주장이었다.

마이크로소프트와의 관계를 감안해 익명을 요구한 한 IT부서 간부는 "웹 서비스라는 옵션을 사용할 의사가 있는 사람, 그럴 수 있는 사람, 이를 알고 있는 사람은 극소수에 불과하다"고 지적했다. 앞서 언급한 이 회사는 서비스 중단 사태 이후 직원들을 대상으로 아웃룩 서비스가 중단됐을 때 웹 이메일을 사용하는 방법을 교육했다.

이 사례에 대한 논평 요구에 마이크로소프트는 "항상 서비스를 제공하려 노력하고 있으며, SLA는 이에 대한 금전적 보증 수단이다. 마이크로소프트 온라인 서비스 제공 시간이 특정 달에 95% 미만으로 떨어질 경우, 고객에게 해당 기간의 요금을 크레딧으로 환불한다"는 보도자료를 보냈다.

앞서 소개한 사례는 클라우드 SLA의 약관을 철저히 이해할 필요가 있음을 보여준다. 엔터프라이즈 서비스 계약은 아주 복잡하다. 이에 마이크로소프트 오피스 365(SaaS 서비스), 마이크로소프트 애저(IaaS와 PaaS)의 SLA를 검토할 때 유심히 살펴봐야 할 10가지를 소개한다. 여기서 소개하는 팁 가운데 상당수는 AWS 등 다른 클라우드 플랫폼에도 적용된다.

### 1) 계약서와 모든 관련 문서를 정독한다.

당연하게 들리겠지만, 계약서를 읽지 않는 사람들도 있다. 최종 사용자 약관(End User License Agreements)를 대충 훑어보는데 그친다. 피카커뮤니케이션(Pica Communications)에서 마이크로소프트 라이선싱 문제를 컨설팅하는 폴 드그루트는 "파워포인트 내용만 살펴보고, 덜컥 계약서에 서명하는 사람들이 많다"고 지적했다. 계약서에 이해가 되지 않는 조항이 있다면 도움을 요청하라. SLA를 이해하기 위해서는 읽어야 한다.

그렇다하더라도 계약서는 혼동되기 마련이다. 드그루트는 때론 관련 문서에 관련 정보가 수록되어 있다고 설명했다. SLA 관련 조항은 문서의 한 장으로 요약돼 있을 수 있다. 그러나 계약은 다른 서류에서 규정된 조건과 조항에 적용을 받는다. 따라서 관련 자료를 포함해 전체 계약서를 읽어야 한다.

### 2) SLA 위반은 즉시 보고한다.

서비스가 중단됐을 때 고객에게 자동으로 크레딧을 제공하는 공급업체가 있는 반면 그렇지 않은 업체도 있다. 따라서 고객은 SLA 조항을 위반하는 상황이 발생했다고 판단할 때, 이를 즉시 통보해야 한다. 드그루트의 고객들 중에는 서비스가 며칠 동안 중단됐는데도 이를 통보하지 않고, 자동으로 크레딧이 반영될 것이라고 확신하는 사람들이 있었다. 그러나 서비스 중단 사고를 기록해 통보해야 다운타임(서비스 중단시간)에 직면했음을 증명할 수 있다. 다시 말해, 문제가 발생하면 이를 기록해 즉시 공급자에게 통보하고, SLA 위반으로 권리를 청구해야 한다.

마이크로소프트는 고객이 사고가 발생한 달을 기준으로 다음 달 말까지 고객 지원 센터에 SLA 위반 클레임을 제출해줄 것을 요구하고 있다. (예를 들어, 2월 중순에 사고가 발생했다면 3월 말까지 통보해야 한다.) 이 클레임에는 '자세한 사고 내용', '사고 시간', '영향을 받은 장소와 사용자의 수', '고객의 복구 대책에 관한 내용'이 포함되어야 한다.

### 3) '서비스 가동시간 99.9%=연간 최대 최대 8시간 서비스 중단 가능'을 의미한다.

마이크로소프트의 많은 서비스가 99.9%의 가동시간(Uptime)을 보증한다. 나쁘지 않다. 그러나 99.9%는 연간 8시간 45분의 서비스 중단시간이 허용된다는 의미다. 즉 8시간 45분의 서비스 중단은 SLA 위반이 아니다. 그러나 사용자 입장에서 하루에 8시간 동안 서비스를 사용할 수 없는 상태가 되면 어떨까? 여기 링크된 가동시간 계산기는 SLA 가동시간 보증 조항을 기준으로 특정 공급자의 서비스 중단시간을 계산해 준다.

### 4) 서비스마다 SLA가 다를 수 있다.

서비스마다 SLA 가동시간 보증 내용이 다를 수 있다. 예를 들어, 마이크로소프트 애저 VM의 경우 가동시간 보증 시간은 99.95%다(Availability Sets 2개 이상 도입). 반면 SQL 데이터베이스의 가동시간 보증 시간은 99.9%이다. 대다수 마이크로소프트 온라인 SaaS 제품은 99.9%의 가동시간을 보증한다. 99.9%는 매달 43분의 서비스 중단이 허용된다는 의미다. 이는 SLA 위반이 아니다.

마이크로소프트 전문 블로거인 트로이 헌트가 지적했듯, 여러 서비스가 순차적으로 중단돼 업무에 지장을 받았더라도, 각 서비스에서 보증한 서비스 중단시간을 별개로 계산해야 한다. 예를 들어, 애저 VM, SQL 데이터베이스, 애저 스토리지에 기반을 둔 시스템이 있다고 가정하자. 특정 달의 첫 날, 애저 VM이 21분간 멈추면서 업무가 중단됐다. 다음 날에는 애저 SQL이 42분간 중단되면서 애플리케이션을 사용할 수 없었다. 그렇지만 둘 모두 SLA 위반이 아니다. 이와 관련해 블로거인 브렌트 스티네만은 여러 서비스의 SLA를 종합적으로 계산하는 방법을 소개하기도 했다.

### 5) VM의 경우 여러 인스턴스에 배치해야 SLA가 효력을 발휘할 수 있다.

클라우드 컴퓨팅에서 명심해야 할 '문구' 중 하나는 문제 발생에 대비해야 한다는 것이다. 이런 까닭에 마이크로소프트와 AWS 등 고객이 이런 문제 발생에 대비할 수 있는 시스템을 갖춰야 SLA 조건을 충족하는 것으로 규정하는 클라우드 서비스들이 있다. 예를 들어, AWS는 여러 가용지대(Availability Zones : AWS 클라우드와는 별개의 데이터센터)에 VM을 배치하고, VM 사본 모두를 유지하도록 요구한다. 그래야만 SLA가 효력을 발휘한다. 마이크로소프트는 가용지대 대신 가용세트(Availability Sets)라는 표현을 사용하고 있지만, 결국은 같은 의미다. 고객은 이런 SLA 조건에 부합하는 시스템을 구현하려면 주의를 기울여야 한다.

### 6) '무정지' VM으로 바꾸면서 서비스 중단이 초래될 수 있는데, 이는 SLA 위반이 아니다.

시스템을 무정지형 시스템으로 설계하거나, 다른 VM이나 가용세트에서 대체 작동 하도록 만들면서 재부팅 등 문제가 발생할 수 있다. 새 VM들로 이전할 수 없어 시스템이 중단된 경우, 이는 공급업체의 잘못이 아니며, 따라서 SLA 위반으로 간주되지 않는다. AWS 고객의 경우 넷플릭스(Netflix)의 심미안 아미 케이어스 몽키(Simian Army Chaos Monkey)와 케이어스 고릴라(Chaos Gorilla)를 이용해 시스템의 중단에 대한 허용 한계를 테스트할 수 있다.

### 7) 정말 서비스가 중단된 것일까? 서비스 업체의 잘못일까?

앞서 소개한 텍사스 소재 회사의 IT부서는 마이크로소프트의 잘못으로 시스템이 중단됐다고 판단했다. 그리고 이는 사실이었다. 그러나 웹을 통해 서비스를 이용할 수 있었기 때문에 서비스가 중단된 것은 아니었으며, 따라서 SLA 위반으로 간주되지 않았다. 앱을 사용할 수 없을 때, 이것이 정말 IT업체의 잘못으로 인한 것일까? 어떤 방식으로도 서비스를 사용할 수 없는 상태일까? 업체의 잘못이 아닌 경우에도 이와 비슷한 클라우드 서비스 중단 사고가 발생한다.

마이크로소프트 SLA에 따르면, 마이크로소프트의 통제 아래 있는 상황에서 서비스가 중단된 경우에만 SLA 위반이 적용된다. 서비스가 중단됐을 경우, IT업체가 아닌 사용자의 잘못이 원인인지 확인해야 한다. 클라우드에 연결되는 네트워크를 예로 들 수 있다. 고객은 서비스 중단이 IT업체의 잘못 때문이며, 정말로 서비스가 중단됐음을 입증해야 SLA 위반에 따른 보상을 받을 수 있다. 마이크로소프트와 AWS가 중단된 서비스를 통보하는 장소인 서비스 무결성(Service Health) 대시보드는 공급업체의 잘못으로 인한 문제인지 판단하는데 도움을 주는 도구다.

### 8) 서비스 조건이 바뀔 수 있다.

클라우드가 급속도로 변화하는 것이니 만큼 공급업체의 서비스 내용도 바뀔 수 있다. 그리고 서비스 내용과 함께 SLA도 바뀐다. 일반적으로 SLA는 서비스 공급자가 고객에게 서비스나 SLA의 변경을 통보해야 하는지, 고객이 서비스 중단에 대비해야 하는지에 관한 내용을 규정하고 있다. 그러나 고객에게 통보할 지 여부는 공급자 및 서비스에 따라 차이가 있다. 갑작스런 서비스 변경으로 업무에 영향이 초래될 경우, 공급자가 이런 변경을 통보해야 하는지 점검해야 한다.

컨설팅 회사인 디렉션 온 마이크로소프트(Directions on Microsoft)의 조사 담당 부사장 도널드 레탈랙은 "마이크로소프트는 핵심 제품군에 '큰 변경'이 있을 경우 이를 고객에게 통보한다"고 말했다. '큰 변경(Disruptive Change)'이란 무엇일까? 마이크로소프트는 "고객이나 관리자가 온라인 서비스가 정상적인 운영 상태보다 크게 품질이 저하되는 것을 피하기 위해 조치를 취해야 하는 변경"이라고 정의하고 있다. 마이크로소프트의 다이내믹스 CRM(Dynamics CRM) 플랫폼을 예로 들면, 큰 변경이 있기 6개월 전에 이를 고객에게 통보해야 한다. 다른 변경 사항은 고객에게 통보할 필요가 없다.

### 9) 예정된 서비스 중단은 SLA 위반이 아니다.

서비스 공급자가 일부러 클라우드 서비스를 중지시키는 경우도 있다. 예를 들어, 버라이즌은 올해 초 약 48시간 동안 계획 아래 서비스를 중지시켰다. 이런 계획에 따른 서비스 중단은 SLA 위반이 아니다. 고객은 공급자에게 계획하고 있는 서비스 중단 계획을 통보하도록 요청할 수 있다.

### 10) '프리뷰'나 베타 서비스에는 SLA가 적용되지 않을 수 있다.

많은 공급자들이 프리뷰 제품이나 무료 서비스를 제공하고 있다. 이런 무료 또는 프리뷰 서비스는 SLA 적용 대상이 아니다. 이런 서비스를 핵심 업무 기능에 적용하기 전에 서비스 이용 조건과 이에 따른 위험을 이해해야 한다. ciokr@idg.co.kr

<http://www.ciokorea.com/interview/24152?page=0,0> 2015.7.14.

# 03 | 정보시스템과 기업의 경쟁우위

오늘날 자유무역주의의 확산과 정보·통신기술의 발달로 인하여 점차 경쟁이 심화되는 환경 하에서 기업들은 경쟁우위를 획득하기 위하여 여러 가지 전략을 추구하고 있다. 그리고 기업들은 경쟁우위 확보를 위한 전략을 효과적으로 수행하기 위하여 다양한 종류의 정보기술과 정보시스템을 활용하고자 한다.

최근의 글로벌 경쟁은 단지 제품의 가격이나 품질에 국한되지 않으며, 서비스와 시간도 경쟁우위 획득에 있어서 매우 중요한 요인으로 인식되고 있다. 또한 소비자, 공급업자, 시장의 신규 진입자, 대체재, 기존의 경쟁사 등이 기업의 경쟁 전략 수립에 커다란 영향을 미칠 뿐만 아니라, 이들 요소들이 특정 산업에 있어 한 기업의 전략적 위치를 결정하기도 한다. 따라서 기업은 경쟁사에 비하여 보다 나은 성과를 얻기 위하여 경쟁우위 획득에 영향을 미치는 요인들을 명확히 이해하고 이런 요인들이 자신에게 유리하게 작용할 수 있도록 비즈니스 전략을 수립하고 실행하여야 한다.

## 1. 경쟁우위의 유형

기업은 다양한 전략과 방법을 통하여 경쟁우위를 획득하려고 한다. 기업이 일반적으로 추구하는 경쟁우위의 유형은 1) 공급 제한을 통한 진입장벽 구축, 2) 고객의 수요 통제, 3) 규모의 경제, 그리고 4) 업무프로세스의 효율성으로 분류될 수 있다.

### 1) 공급 제한

기업은 경쟁사가 특정의 제품이나 서비스를 시장에 쉽게 공급할 수 없도록 특허 또는 법률적인 제약 등의 방법을 통하여 진입장벽을 쌓음으로써 시장에서 경쟁우위를 획득할 수 있다. 예를 들면, 미국의 금융회사인 Merrill Lynch는 종합자산관리서비스(cash management account : CMA)를 개발하여 이에 대한 특허를 획득하였다. 특허 획득의 결과로 Merrill Lynch사는 경쟁사들이 유사한 자산관리서비스를 시장에 제공할 수 없도록 높은 진입장벽을 쌓음으로써 자산관리서비스 시장에서 오랜 기간 동안 독점적 지위를 누리면서 경쟁우위를 획득할 수 있었다.

### 2) 수요 통제

기업은 고객(소비자)의 수요를 통제하기 위하여 로얄티 프로그램(loyalty program) 또는 마일리지 프로그램을 사용하기도 한다. 기업은 로얄티 프로그램을 통하여 전환비용(switching cost)을 고객이 부담하도록 하여 고객이 경쟁사의 제품이나 서비스를 사용하는 것을 일정 부분 통제할 수 있다. 예들 들면, 항공기 탑승객들이 특정 항공사의 항공편을 이용하면 비행 거리에 따라 일정의 포인트를 적립하게 되며, 어느 정도의 포인트가 적립되면 무료 항공권을 신청할 수 있다. 따라서 항공회사의 고객들은 적립한 포인트로 무료 항공권을 발급 받을 때까지 동일한 항공사의 항공편을 이용하려는 경향이 있다. 이와 같이 기업은 로얄티 프로그램을 이용하여 고객의 수요를 통제할 수 있으며, 이런 로얄티 프로그램은 다양한 산업에서 활용되고 있다.

### 3) 규모의 경제

기업은 규모의 경제를 이용하여 시장에서 경쟁우위를 획득할 수도 있다. 예를 들면, 서울을 근거지로 하는 은행이 다른 지역을 근거지로 하는 소규모의 은행 및 보험회사의 인수·합병을 통하여 사업 영역을 타 지역으로 확장할 수 있다. 또한 이 은행은 인수·합병을 통한 금융 상품의 다양화를 바탕으로 고객들에게 원스톱 서비스를 제공할 수 있다. 그리고 은행은 이러한 원스톱 서비스를 통하여 고객들의 수요를 보다 효과적으로 충족시켜 줄 수 있어 시장에서 경쟁우위를 획득할 수 있을 것이다.

### 4) 프로세스 효율성

기업은 경쟁우위를 획득하기 위하여 기존의 업무프로세스를 개선하거나 새로운 형태의 업무프로세스를 도입하려는 노력을 한다. 기업은 업무프로세의 개선 또는 혁신적인 업무프로세스를 통하여 고객에게 보다 편리한 서비스를 제공할 수 있으며, 때로는 동일한 제품이나 서비스를 보다 낮은 가격에 제공할 수도 있다. 예를 들면, 미국의 21세기 보험사(21st Century Insurance Co.)는 혁신적인 보험 상품 판매프로세스를 개발하였다. 당사는 전통적으로 보험회사들이 보험 중개인(agents)을 통하여 고객에게 보험 상품을 판매하던 방식과는 다르게 인터넷을 통한 온라인 보험 상품 판매를 실시하였다.

일반적으로 보험회사들이 보험 중개인을 통한 전통적인 방식으로 보험 상품을 판매할 경우 중개인들에게 일정 금액의 수수료(commission)를 지불하여야 했다. 하지만 21세기 보험사는 중개인을 통하지 않고 인터넷을 통하여 보험 상품을 판매함으로써 중개인에게 주었던 수수료를 절약할 수 있었다. 따라서 21세기 보험사는 수수료 절약 금액의 상당 부분을 보험 상품의 가격에 반영함으로써 보험가입자의 월 보험 납입액을 낮출 수 있었다. 이러한 효과는 21세기 보험사가 동일한 보험 상품을 경쟁사보다 낮은 월 보험 납입액에 제공하는 것을 가능하게 함으로써 경쟁우위를 획득할 수 있게 하였다.

## 2. 경쟁우위의 원천

포터(Michael Porter)의 가치사슬 모델(value chain model)은 기업의 활동을 통한 경쟁우위의 원천을 이해하는 데 도움을 준다. <그림-7>에서 보듯이 가치사슬은 기업의 제품이나 서비스에 가치를 부가시키는 활동들을 사슬 형태로 표현한 것으로서, 기업의 활동들을 주요활동과 지원활동으로 구분하고 있다.

가치사슬 모델에 의하면 기업은 구매물류(inbound logistics), 생산 및 제조(manufacturing), 출하물류(outbound logistics), 마케팅 및 판매(marketing and sales) 그리고 고객서비스와 같은 본원적 활동을 한다. 구매물류는 부품 또는 완제품 생산에 필요한 부품의 관리, 수송 계획, 재고 관리 등 제품의 원재료와 부품을 외부에서 공급받고, 저장하고, 배분하는 활동을 말한다. 생산 및 제조는 제조 설비를 사용하여 원재료 또는 부품을 완제품의 형태로 전환하는 활동이다. 출하물류는 완제품의 보관, 운송, 출하 등을 통하여 도매업자 또는 소매업자에게 전달하는 활동이다. 마케팅 및 판매는 판매촉진, 광고 등을 통하여 제품을 홍보하고 실제로 제품을 고객이 구매하도록 하는 활동을 말한다. 그리고 고객서비스는 제품의 가치를 높이고 유지하기 위한 제품 설치, 판매 후 수리 등의 서비스 활동을 포함한다.

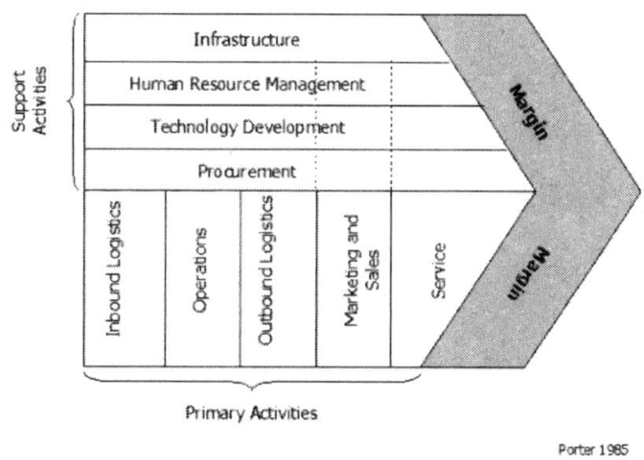


<그림-7> 가치사슬 모델(Porter, 1985)

그리고 기업은 이들 본원적 활동들을 지원하기 위한 기반구조(infrastructure), 인적자원관리(human resource management), 연구·개발(research & development), 조달(procurement)와 같은 지원적 활동을 한다. 기반구조는 기획, 재무, 회계, 법무, 품질관리 등의 활동을 말한다. 인적자원관리는 사원 모집 및 채용, 훈련 및 교육과 관련된 활동을 포함한다. 연구·개발은 신제품 개발, 기존 제품에 대한 품질 향상 노력, 그리고 생산 공정 향상과 관련된 활동으로 구성되어 있다. 조달은 원재료 및 부품, 노동력, 식품 및 숙박, 컨설팅 등 기업의 특정 부서에 국한되지 않는 전반적인 기업의 조달 활동을 포함한다.

가치사슬에 있는 본원적 또는 지원적 활동은 가치를 부가하며, 가치사슬의 각 활동에서 가치를 부가하는 데 있어 비용이 발생한다. 따라서 만약 가치를 부가하는 데 발생하는 총 비용이 고객이 회사의 제품값으로 지불하는 금액보다 적으면, 이익이 발생하게 된다. 가치사슬은 기업이 어떤 활동에서 어떻게 자사의 제품 또는 서비스에 가치를 부가하고, 어떤 활동에서 비용을 낮출 수 있을지 분석하는 데 도움을 준다. 따라서 가치사슬 분석은 기업이 전략적 기회를 포착하는 데 도움을 줄 수 있다고 하겠다.

가치사슬 개념은 기업이 정보기술과 정보시스템 활용 기회를 찾는 데 유용한 도구로 사용될 수 있다. 즉 가치사슬은 기업이 어떻게 수익성을 향상시킬 수 있을지를 체계적으로 분석하는 데 유용한 도구라고 할 수 있으며, 정보시스템은 가치사슬의 다양한 활동에서 아래와 같이 여러 가지 목적으로 사용될 수 있다.

### 1) 제품 개발

기업은 제품의 생명주기를 단축시키는 데 정보시스템을 활용할 수 있다. 예를 들면, 항공기 또는 자동차 제조회사는 CAD(computer - aided design) 시스템과 시뮬레이션 시스템을 활용하여 제품을 개발하는 데 소요되는 시간을 줄일 수 있다. 신형 항공기 또는 자동차를 개발하는 데 있어 디자이너와 엔지니어들은 여러 개발 단계에서 모형을 제작하고 시험하게 된다. 하지만 이들이 실제로 모형을 제작하고 이를 시험하는 데 상당한 시간이 소요되고 비용을 발생시킨다. 따라서 디자이너와 엔지니어는 실제 모형을 제작하고 시험하는 대신에 CAD시스템과 시뮬레이션 시스템을 사용하여 모형의 제작, 시험, 수정 등에 소요되는 시간과 비용을 줄일 수 있게 된다. 이렇게 함으로써 항공기 또는 자동차 제조회사는 신제품의 개발과 출시에 필요한 시간을 줄일 수 있게 되므로 고객의 요구에 보다 신속하게 대응할 수 있다.

### 2) 제조 및 생산

기업은 제조 및 생산 공정에 정보시스템을 활용하여 제품의 품질 향상을 기대할 수 있으며, 향상된 제품 품질은 기업의 경쟁력 제고에 도움이 될 것이다. 예를 들면, 미국의 베들레헴 철강회사(Bethelehem Steel)는 정보시스템을 활용하여 불량률이 낮은 생산품 군과 불량률이 높은 생산품 군에 대하여 제조 공정에서의 가열 온도, 냉각 온도 및 시간 등에 대한 데이터를 수집 · 분석하여 상대적으로 불량률이 낮은 생산품 군에 적용된 수치들을 확인할 수 있었다. 이러한 결과를 바탕으로 베들레헴 철강회사는 상대적으로 낮은 불량률을 보여준 생산품 군에 적용된 가열 온도, 냉각 온도 및 시간들을 제조 공정에 적용함으로써, 철강 생산품의 불량률을 크게 줄일 수 있었으며 이는 결국 회사의 제품 품질 향상과 제조비용을 낮추는 효과를 가져다주었다. 이러한 결과는 베들레헴 철강회사가 절약된 제조비용의 상당 부분을 제품의 가격에 반영하여 제품의 가격 경쟁력을 향상시킬 수 있도록 하였다.

인터넷과 정보시스템의 발달은 출판업, 음반, 엔터테인먼트 산업에 커다란 변화를 초래하였다. 오랜 동안 백과사전의 대명사였던 Encyclopedia Britannica가 인터넷과 정보시스템의 발달로 인하여 더 이상 종이로 된 백과사전의 형태로 생산되지 않는다. 이렇듯 인터넷과 정보기술은 출판업에 커다란 지각변동을 일으켰으며, 최근에서 수많은 전자책(e-books)이 종이책을 대신하고 있는 추세이다.

전자책은 원본이 디지털 형태로 제작되기 때문에 종이책에 비하여 초기 제작에 상대적으로 많은 비용이 발생될 수 있으나 추가적인 부수를 제작하는 데 소요되는 한계비용이 아주 적으며, 맞춤화(customization)가 용이하기 때문에 많은 부수의 책을 제작·판매하는 경우에는 비용적인 측면에서 상당히 매력적이라 하겠다. 이러한 이유로 인하여, 미국의 많은 중등학교와 대학교가 종이에 인쇄된 교과서 대신에 전자책 형태의 교과서를 채택하고 있는 추세이며, 이러한 추세는 점차 확대될 것으로 예상된다.

### 3) 유통

기업들은 정보시스템을 활용하여 제품 대신에 정보를 이동시킴으로 인하여 유통 비용을 줄일 수 있다. 예를 들면, 조선일보사는 부산에 있는 신문구독자에게 서울에서 인쇄된 신문을 부산까지 운송한 후에 이를 배달하는 대신에 부산에 있는 인쇄소 등의 시설을 이용하여 신문을 제작하여 배달함으로써 유통 비용을 줄일 수 있다. 더 나아가 신문사는 종이로 된 신문을 인쇄하여 전국에 있는 신문구독자에게 배달하지 않고 인터넷을 이용한 온라인 판 신문을 구독자들이 컴퓨터나 스마트폰 등의 모바일 기기를 사용하여 볼 수 있도록 함으로써 유통 비용을 많이 줄일 수 있을 것이다. 조간신문은 하루에 한 번 아침에 신문이 배달되는 반면에 신문사는 온라인 판 신문을 제작하여 하루에 수차례에 걸쳐 구독자들이 새로운 내용이 추가된 신문을 볼 수 있도록 함으로써 신문구독 서비스의 혁신을 꾀할 수 있다.

음반 제품은 전통적으로 음반 가게 또는 서점을 통하여 유통되었다. 따라서 고객이 음반을 구입하고자 한다면 음반 가게 또는 서점을 방문하여 음반 제품을 구매하게 되는데, 하나의 음반에 내가 원하는 곡뿐만 아니라 다른 곡들도 수록되어 있는 경우가 일반적이다. 따라서 고객이 음반 제품을 구매할 때 원하는 곡 뿐만 아니라 원하지 않는 곡들에 대한 비용도 지불하는 불합리한 일이 발생하게 된다. 하지만 iTunes.com과 같은 온라인 음원 판매회사는 인터넷을 기반으로 하는 정보시스템을 통하여 고객이 원하는 곡만을 구입할 수 있도록 하며, 고객이 전 세계 어디에 있던지 온라인으로 음원 구입이 가능하도록 서비스를 제공하고 있다. 또한 iTunes.com는 음원을 인터넷이라는 네트워크를 이용하여 배송하므로 물류비용을 획기적으로 낮출 수 있어, 전통적인 음반가게에서 곡을 구입하는 것보다 낮은 가격으로 곡을 판매할 수 있다.

### 4) 마케팅

마케팅은 기업이 고객을 위한 가치를 창조하고, 이를 고객에게 알리고, 전달하는 일련의 활동 또는 과정이다. 또한 마케팅은 기업과 기업의 이해당사자들에게 이익을 가져다 줄 수 있도록 고객과의 관계를 관리하는 것을 포함하고 있다.

마케팅 부서는 고객관계관리(customer relationship management: CRM) 시스템을 활용하여 누가 고객이며, 누가 회사의 수익성에 기여하는 고객인지, 수익성이 높은 고객이 가지는 수요의 특성은 무엇인지 등을 효과적으로 분석할 수 있다. 고객관계관리 시스템을 사용하여 고객 데이터를 분석한 결과를 바탕으로 기업은 수익성에 상대적으로 많이 기여하는 고객에게 마케팅 노력을 집중함으로써 매출 증대를 기대할 수 있을 것이다.

또한 데이터 분석 결과는 마케팅부서가 고객의 수요 특성을 보다 효과적으로 파악할 수 있도록 해준다. 나아가 이 정보는 연구·개발 부서가 고객의 수요 특성을 반영한 신제품의 개발 또는 기존 제품의 향상을 가능하도록 도와줄 수 있다. 결국 고객의 수요 특성을 반영한 제품은 기업이 시정 점유율을 높이는 데 기여할 수 있을 것이며, 이는 기업의 매출 증대로 이어질 수 있다.

### 5) 서비스

기업은 정보시스템 기반의 판매 후 서비스를 고객들에게 제공함으로써 자사 제품 또는 서비스의 가치를 향상시킬 있다. 예를 들면, 미국의 택배회사인 UPS(United Parcel Service)사는 물품의 운송을 의뢰한 고객들에게 물품추적코드(package tracking code)를 발급함으로써 고객들이 의뢰한 물품의 상태를 UPS의 홈페이지를 통하여 알 수 있도록 하는 서비스를 제공한다. 이러한 서비스는 UPS의 운송 서비스에 대한 고객의 만족도를 향상시키는 역할을 하며, 궁극적으로는 UPS의 운송 서비스의 가치를 높이는데 기여한다고 볼 수 있다.

## 3. 전략적 위치 선정(Strategic Positioning) 및 기업 전략

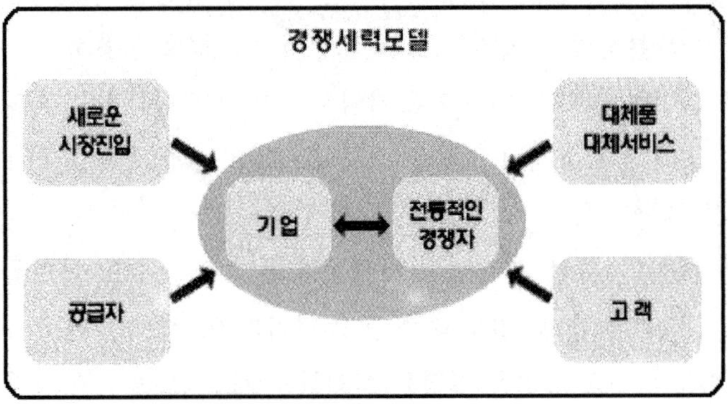


<그림-8> 포터의 경쟁세력 모델

기업의 경쟁력을 분석하는 수단으로서 가장 널리 알려진 것 가운데 하나가 포터(Michael Porter)의 경쟁세력 모델(Competitive Forces Model)이다. 포터의 경쟁세력 모델은 특정 산업에 있어 한 기업의 전략적 위치와

경쟁우위를 위한 전략을 이해하는 데 널리 사용되고 있다. 아래의 <그림-8>에서 보듯이 경쟁세력모델은 특정 산업에 있어 경쟁우위는 기업이 기존 경쟁사, 고객, 공급자, 대체재 또는 서비스의 존재, 그리고 신규 진입자 간의 관계에 의해 커다란 영향을 받음을 보여주고 있다.

### 1) 기존 경쟁사

특정 산업에 있어 기존의 기업들은 한정된 시장 규모 하에서 기존의 제품 또는 서비스의 개선, 제품 생산 방식의 개선, 신제품 또는 새로운 서비스의 출시, 브랜드 인지도의 향상, 로얄티 프로그램을 통한 전환비용(switching cost)의 증대 등 여러 가지 방법을 사용하여 경쟁우위를 획득하고자 노력한다.

고객이 전자제품 판매점에서 컴퓨터를 구입할 때 전통적으로 고객은 판매점에 진열되어 있는 이미 만들어진 컴퓨터를 구입할 수밖에 없었기 때문에 컴퓨터 사양에 대한 선택의 여지가 거의 없었다. 따라서 만약 고객이 특별히 원하는 사양들이 있다 할지라도 제조회사에서 제공하는 컴퓨터 제품의 사양에 만족하여야만 하는 것이 일반적이었다. 하지만 델컴퓨터(Dell.com)는 업계 최초로 인터넷 기반의 맞춤형 주문 서비스를 고객에게 제공함으로써 특별한 사양을 원하는 고객의 욕구를 보다 효과적으로 충족시켜줄 수 있었다. 또한 다른 컴퓨터 제조회사와는 달리 델컴퓨터는 고객으로부터 맞춤형 주문을 접수한 후에 컴퓨터를 조립하는 혁신적인 생산 방식을 택함으로써 컴퓨터 완제품에 대한 재고를 획기적으로 줄일 수 있음으로 인하여 재고와 관련된 비용을 절약할 수 있었다. 이와 같이 델컴퓨터는 맞춤형 주문서비스와 혁신적인 생산 방식을 도입한 결과 컴퓨터 업계에서 경쟁우위를 획득할 수 있었다.

### 2) 고객

일반적으로 기업은 고객들에게 교체비용(switching cost)을 증대시키거나, 제품 또는 서비스 차별화를 통하여 협상력을 높일 수 있다. 예를 들면, 미국의 American Airlines는 항공·호텔·렌트카 예약시스템(Semi -Automated Business Research Environment: SABRE)을 개발하여 여행사와 기업에 예약서비스를 제공하였다. SABRE시스템은 항공·호텔·렌트카에 대한 포괄적이고도 차별화된 정보서비스를 제공함으로써 여행사들을 묶어놓는 효과(lock-in effects)를 거둠으로써 여행사들에 대하여 커다란 협상력을 행사할 수 있었다.

반면에 시장이 투명하여 고객이 제품 또는 서비스에 대한 갖가지 정보를 용이하게 접할 수 있을 경우 고객에 대한 기업의 협상력은 상대적으로 약화될 수밖에 없다. 예를 들면, 인터넷이 대중에 의해 널리 사용된 이후로 제품 차별화가 상대적으로 어렵고 가격 경쟁이 심한 온라인 쇼핑몰들은 고객에 대한 협상력이 상대적으로 약화되었다. 따라서 전자상거래와 같은 환경 하에서는 고객들이 제품의 품질 및 가격에 대한 비교, 사용 후기의 검토 등이 용이하게 되어 상대적으로 유리한 위치에서 상거래를 할 수 있게 되었다.

### 3) 공급업자

공급업자의 협상력은 기업의 수익성에 커다란 영향을 미칠 수 있으며, 특히 기업이 제품의 가격을 공급업자가 제공하는 원재료 또는 부품의 가격 인상률만큼 인상할 수 없을 경우 이는 기업의 수익성에 부정적인 영향을 미치게 된다. 따라서 기업은 일반적으로 동일한 원재료 또는 부품에 대하여 복수의 공급업자를 두어 이들 공급업자 간에 경쟁을 유발시킴으로써 가격, 품질, 납기일 등에 있어 보다 많은 협상력을 발휘할 수 있다. 예를 들면, 현대자동차(주)는 자동차조립에 필요한 타이어에 대하여 복수의 공급업자를 둠으로써 타이어 공급업체들 간에 가격 경쟁을 유발시켜 보다 낮은 가격에 타이어를 공급받을 수 있을 것이다.

일반적으로 기업은 공급업자에게 대량의 주문을 함으로써 "구매 수량에 따른 가격 할인(volume discount)"을 요청할 수 있다. 예를 들면, 세계 최대 소매체인인 미국의 월마트(Walmart)는 많은 품목의 상품을 대량으로 구매하는 것으로 알려져 있다. 따라서 월마트는 공급업자에게 "구매 수량에 따른 가격 할인"을 요청할 수 있을 것이고, 월마트가 대량의 상품을 구매하기 때문에 공급업자 측에서도 월마트의 요청을 쉽게 거절할 수 없을 것이다. 이런 대량 구매에 따른 납품 가격 할인을 바탕으로 월마트는 다른 경쟁사보다 동일한 상품을 상대적으로 저렴한 가격에 판매할 수 있게 되었다.

월마트와 같은 소매체인들은 많은 수의 상품을 취급하기 때문에 재고관리의 효율성이 기업의 수익성에 커다란 영향을 미친다. 따라서 월마트는 재고관리를 효율적으로 하기 위한 지속적 보충시스템(Continuous Replenishment System)을 구축하는 데 있어, 대량 구매에 따른 협상력을 바탕으로 일부 상품의 공급업자들에게 상품의 갖가지 정보를 저장한 RFID(radio frequency identification)태그의 부착을 요구하였다. 월마트는 RFID를 기반으로 하는 지속적 보충시스템을 잘 활용함으로써 세계에서 재고관리를 가장 효율적으로 하는 대표적인 기업으로 알려져 있다.

### 4) 대체재 또는 서비스의 존재

거의 모든 산업에서 우리가 사용하는 대부분의 제품이나 서비스는 대체품이나 대체 서비스가 있다. 예들 들면, 휘발유 가격의 인상과 각종 환경규제로 인하여 많은 사람들이 전통적인 연소엔진 자동차 대신에 하이브리드 자동차를 구입하고 있다. 한때 음악을 듣기 위해 고객들이 많이 구입했던 MP3 플레이어도 iPod 또는 스마트폰 등으로 대체되었다. 따라서 기업의 제품이나 서비스가 경쟁사의 제품이나 서비스에 의해 쉽게 대체가 가능하다면, 기업이 가지는 제품 가격에 대한 통제력이 상대적으로 줄어들게 되며 기업의 수익성 또한 부정적인 영향을 받게 될 것이다. 따라서 기업은 쉽게 대체될 수 없는 제품이나 서비스의 제공을 통하여 기업이 속한 산업에서 보다 많은 협상력을 가질 수 있게 된다.

### 5) 신규 진입자

대부분의 산업에서는 빈번하게 신규 진입자가 출현한다. 예를 들면, 편의점과 같이 소규모 자본금으로 사업을 시작할 수 있거나, 특별한 전문지식이 필요하지 않은 유통업은 상대적으로 진입 장벽이 낮기 때문에 신규 진입자의 출현이 빈번하다고 하겠다. 반면에 정유, 석유화학, 자동차, 반도체 등의 산업은 천문학적인 금액의 자본금과 전문지식 및 기술이 필수적인 산업이므로 신규 진입자의 출현이 빈번하지 않다.

일반적으로 기업은 법률적인 보호, 특허, 기술 표준 등의 다양한 수단을 통하여 신규 진입자의 출현을 억제함으로써 시장에서의 지배력을 극대화 할 수 있다. 예를 들면, 미국의 Merrill Lynch사는 금융업계 최초로 자산관리(cash management account: CMA)서비스를 개발하여 이에 대한 특허를 획득하였다. 특허 획득의 결과로 Merrill Lynch사는 경쟁사들이 유사한 자산관리서비스를 시장에 제공할 수 없도록 법적 보호를 받음으로써 신규 진입자의 출현을 7년 동안 방지할 수 있었으며, 상당한 경쟁우위를 획득할 수 있었다.

## 4. 기업의 경쟁우위 전략과 정보시스템

기업은 경쟁우위를 획득하기 위하여 여러 가지 전략을 추구한다. Porter와 Millar는 기업의 경쟁우위 전략으로 비용우위(cost leadership), 차별화(differentiation), 그리고 틈새시장(niche market)을 제시하였으며, Wiseman과 MacMillan은 기업의 경쟁우위 획득을 위한 방어 전략으로서 혁신(innovation), 성장(growth), 제휴(alliance), 시간(time)을 추가로 제시하였다. 기업은 이들 경쟁우위 전략들을 실행하는 데 여러 가지 방법을 사용하며, 특히 정보기술과 정보시스템은 기업이 이들 경쟁우위 전략을 효과적으로 실행할 수 있도록 도움을 주기도 한다.

### 1) 비용우위 전략

기업은 동일하거나 유사한 품질의 제품이나 서비스를 상대적으로 저가에 고객에게 제공함으로써 시장에서 경쟁우위를 획득할 수 있다. 일반적으로 비용우위 전략은 기업이 자신이 속한 산업전반에 있어 자사의 비용, 공급업자의 비용, 또는 고객의 비용을 낮춤으로써 경쟁우위를 획득할 수 있도록 도와주며, 경쟁사의 비용을 증가시킴으로써 경쟁우위를 확보할 수 있도록 해준다. 비용우위 전략을 효과적으로 실행한 대표적인 사례로 미국의 월마트(Walmart)를 들 수 있다.

월마트는 비용우위 전략을 성공적으로 실행하기 위하여 지속적 보충시스템(Continuous Replenishment System)이라는 재고관리시스템을 구축하였다. 월마트는 이 시스템으로 개별 지점에서 발생하는 거래에 대한 데이터를 수집하고 이를 본사에 전송함으로써 본사가 각 지점의 판매실적을 효과적으로 파악할 수 있도록 하였다. 그리고 이렇게 파악된 판매 정보를 바탕으로 월마트는 판매된 물품을 보충하기 위한 주문서를 공급업자에게 전자적으로 발송함으로써 재고관리를 효율적으로 할 수 있게 되었다.

월마트와 같이 많은 수의 물품을 취급하는 소매체인은 효율적인 재고관리를 통한 비용 절감이 경쟁의 원천이 될 수 있다. 월마트는 지속적 보충시스템에 바탕을 둔 재고관리를 통하여 절품을 피하면서 최소의 재고량으로 고객의 수요를 충족시켜 줄 수 있었다. 결과적으로 월마트는 지속적 보충시스템의 효과인 재고관리 비용 절감의 상당 부분을 상품의 가격에 반영함과 동시에 “Everyday Low Price”라는 슬로건을 내세워 오랜 동안 업계 선두 자리를 유지하고 있다.

### 2) 차별화 전략

기업은 차별화된 제품이나 서비스를 고객에게 제공함으로써 시장에서 경쟁우위를 획득할 수 있다. 기업은 자신이 속한 산업전반에 있어 자사의 제품 또는 서비스를 경쟁사의 제품 또는 서비스와 구별되게 함으로써 경쟁우위를 획득할 수 있으며, 또한 경쟁사의 제품 또는 서비스가 가지고 있는 고유한 특성을 줄임으로써 경쟁우위를 확보할 수 있다. 예를 들면, 미국의 애플(Apple Inc.)사는 혁신적인 제품인 iPhone을 업계 최초로 출시함으로써 스마트폰 시장에서 수년 간 절대적인 경쟁우위를 획득함으로써 수익성을 크게 향상시켰다. 또한 델컴퓨터(Dell.com)는 인터넷 기반의 맞춤형 주문처리시스템을 통하여 업계 최초로 고객에게 맞춤형 주문서비스를 제공함으로써 상품 주문 프로세스를 획기적으로 차별화할 수 있었다. 델컴퓨터는 이러한 혁신적인 상품 주문 프로세스를 기반으로 하여 PC와 랩탑 컴퓨터 시장에서 상당 기간 동안 경쟁우위를 확보할 수 있었다.

iTunes.com은 인터넷과 정보시스템을 기반으로 하는 혁신적인 비즈니스 모델을 통하여 음원 서비스를 고객에게 제공함으로써 온라인 음원 시장에서 절대적인 경쟁우위를 획득할 수 있었으며, 음반 산업에 커다란 지각변동을 일으켰다. 그리고 New York Times사는 인터넷과 통신기술을 바탕으로 여러 가지 형태의 유·무선 유료 온라인 신문구독 서비스를 개발하여 신문구독에 대한 고객의 다양한 욕구를 효과적으로 충족시켜줌으로써 신문 산업에 있어 선두 자리를 굳건히 지키고 있다.

### 3) 틈새시장 공략 전략

기업은 한 산업에 있어 특정 분야에서 제품 또는 서비스의 차별화, 또는 비용우위를 통하여 경쟁우위를 획득할 수 있으며, 이를 틈새시장(niche market) 또는 집중화(focus) 전략이라고 한다. 기업은 거래처리시스템(transaction processing systems: TPS)을 통하여 수집된 고객과 관련된 데이터를 분석한 후 이를 바탕으로 틈새시장(niche market)을 경쟁사보다 효과적으로 공략함으로써 경쟁우위를 획득할 수 있다. 많은 기업의 마케팅·판매부서는 고객관계관리(customer relationship management : CRM))시스템을 활용하여 고객 세분화(customer segmentation) 분석을 하고 있으며, 이를 통하여 고객의 구매 특성, 선호도, life-time value 등을 파악하여 틈새시장을 효과적으로 공략하고자 노력한다. 예를 들면, Hilton Hotel은 OnQ시스템을 통하여 투숙객의 선호도와 수익성을 분석한 후 수익성이 높은 투숙객들에게 무료 객실 업그레이드 또는 late check-out

등의 특별 서비스를 제공함으로써 이들을 충성고객으로 만들고 있다.

또한 미국 라스베가스(Las Vegas) 소재의 카지노들은 고객들의 거래 데이터를 분석하여 카지노의 수익성에 상대적으로 크게 기여하는 고객들에게 무료 숙박·음식 등 갖가지 서비스를 제공한다. 이렇게 함으로써 카지노들은 수익성이 높은(high value) 고객들이 더 오래 동안 카지노에 머물면서 갖가지 게임과 서비스를 이용하도록 하여 수익의 극대화를 꾀하고 있다.

### 4) 성장 전략 :

기업은 시장점유율 또는 고객 수의 증대, 다양한 제품 또는 서비스 제공, 시장의 확대, 또는 후방·전방 통합(backward, forward integration) 등의 방법으로 경쟁우위를 획득할 수 있으며, 장기적으로는 수익성 향상을 기대할 수 있다. 예들 들면, 은행과 같은 금융기관은 인수·합병 통하여 시장점유율 또는 고객 수를 증대시킬 수 있으며, 다양한 금융 상품을 고객에게 제공할 수 있다. 이러한 성장 전략은 금융기관이 시장을 확대할 수 있게끔 하여 주며, 보다 다양한 금융 상품과 서비스를 고객에게 제공할 수 있게 함으로써 경쟁우위를 획득하는 데 도움을 줄 수 있다.

기업이 인수·합병을 통한 성장 전략을 성공적으로 실행하는 데 있어 정보시스템이 때때로 커다란 역할을 할 수 있다. 예를 들면, 금융기관이 인수·합병을 전략을 실행하는 데 있어, ATM시스템의 통합을 통하여 복수의 은행에서 복수의 ATM시스템을 운용할 때보다 적은 인력과 비용으로 동일한 서비스의 제공을 가능하게 함과 동시에 보다 넓은 지역에 있는 고객에게 보다 다양한 금융 상품 및 서비스를 제공해 줄 수 있게 된다.

### 5) 제휴 전략

기업은 비즈니스 파트너와 전략적 제휴, 합자회사(joint ventures)의 설립, 기업 전략과 관련한 기업 획득 또는 기업 분할 등을 통하여 핵심 업무(core business)에 집중할 수 있으며, 보다 다양한 제품 또는 서비스를 고객에게 제공할 수 있거나 성장의 기회를 기대할 수도 있다.

대부분의 전자상거래 기업들은 상품의 배송과 관련된 업무 수행이 핵심 역량이 아니다. 따라서 이들 전자상거래 기업들은 택배회사들과의 전략적 제휴를 통하여 상품의 배송에 관한 업무를 택배회사에 위탁하고, 자신들의 핵심 역량인 판매 업무에 집중함으로써 보다 나은 성과를 기대할 수 있을 것이다.

대한한공(Korean Air)은 전략적 제휴 프로그램인 스카이팀(Skyteam)에 참여하는 항공사들과 코드 쉐어링(code-sharing)을 통하여 대한항공이 직접 취항하지 않는 지역도 파트너 항공사의 노선을 이용하여 고객들에게 항공편을 제공하여 준다. 대한항공과 파트너 항공사들은 전략적 제휴를 보다 효과적으로 실행하기 위하여 항공권 예약시스템을 공유하여 고객들이 항공서비스 관련 정보를 보다 용이하게 검색할 수 있도록 하여 편리하게 항공권 예약을 할 수 있도록 하고 있다.

### 6) 혁신 전략

기업은 신제품 또는 새로운 서비스의 개발, 기존의 제품이나 서비스의 개선, 새로운 방법을 통한 제품 생산 또는 서비스 제공, 업무 프로세스의 근본적인 변화 등의 방법에 바탕을 둔 혁신 전략으로 경쟁우위를 획득할 수 있다. 때로 기업은 정보기술과 정보시스템을 활용하여 혁신 전략을 효과적으로 실행하기도 한다.

iTunes.com은 인터넷과 정보시스템을 바탕으로 음원을 온라인상에서 판매 및 배송하는 새로운 비즈니스 모델을 개발하였다. 이와 같이 iTunes.com는 정보기술을 바탕으로 혁신적인 방법으로 음원을 판매하고 유통시킴으로써 음반 산업에서 절대적인 경쟁우위를 획득할 수 있었다. 또한 아메리칸 에어라인(American Airlines)은 예약시스템인 SABRE(Semi-Automated Business Research Environment)으로 통하여 항공 산업에 혁신적인 변화를 가져왔으며, 시장에서 아메리칸 에어라인의 입지를 강화시킬 수 있었다.

정보기술의 발달은 출판 산업에 커다란 변화를 가져왔다. 최근에 인터넷과 정보기술을 바탕으로 한 전자책의 보급이 일반화되고 있으며, SafariX.com과 같은 전자책 전문의 전자상거래 회사가 출현하였다. 전자책은 편집과 배송이 전통적인 종이책에 비하여 상대적으로 용이할 뿐만 아니라 저렴한 가격에 판매되므로 앞으로 수요가 크게 증대될 것으로 예상된다. 따라서 전통적인 종이책을 제작하는 출판사 또는 서점은 전자책을 전문적으로 취급하는 온라인 서점에 효과적으로 대응할 수 있는 새로운 전략을 모색하여야 할 것이다.

### 7) 고객지향 전략

기업은 고객과 보다 친밀한 관계를 맺고 이를 유지함으로써 고객의 충성도를 이끌어 낼 수 있음과 동시에 전환비용을 증대시킬 수 있다. 기업이 고객과 친밀한 관계를 맺기 위해서는 누가 기업의 고객이며, 이들 고객이 기업으로부터 기대하는 것이 무엇인지를 정확하게 파악하는 것이 필수적 전제 조건이라 하겠다.

기업은 정보시스템을 사용하여 다양한 고객 접점에서 고객과 관련된 데이터를 보다 효율적으로 수집할 수 있다. 예를 들면, 기업은 계산대에서 거래데이터를 수집할 수 있으며, 또한 고객서비스센터 등에서 고객과 관련된 데이터를 수집할 수 있다. 기업은 이렇게 수집된 데이터를 분석하여 누가 고객이며, 이들이 기업으로부터 기대하는 것이 무엇인지를 효과적으로 파악할 수 있다. 예를 들면, LG전자(주)는 자사의 가전제품을 구입한 고객들이 구매품에 대한 보증서비스(warranty service)를 받기 위해서는 제품 등록과 함께 일련의 질문에 응답할 것을 요구한다고 가정하자. LG전자(주)는 자사의 웹페이지를 이용하여 보증서비스를 원하는 구매자의 기본적인 인적사항을 수집할 수 있으며, 일련의 질문을 통하여 구매자가 구입한 상품에 대하여 생각하는 장·단점뿐만 아니라 구매자가 추가되었으면 하고 바라는 기능 등에 대한 정보를 파악할 수 있을 것이다. LG전자(주)는 이렇게 수집된 정보에 대한 분석을 통하여 고객의 수요 욕구를 보다 효과적으로 충족시켜 줄 수 있는 제품을 개발하고 출시할 수 있을 것이다. 이렇게 함으로써 LG전자(주)는 자사 제품에 대한 고객의 만족도 및 충성도를 이끌어 낼 수 있으며, 이들이 궁극적으로 반복 고객이 되어 회사의 수익 증대에 기여하게 될 것이다.

## 5. 인터넷과 기업의 경쟁우위

인터넷의 출현은 기업의 비즈니스 전략 수립에 커다란 영향을 미치게 되었다.

인터넷은 시장에 신규 진입자의 진입을 용이하게 하여, 전자상거래의 경우 하룻밤 사이에 다수의 새로운 기업이 생겨나기도 하며, 극단적인 경우에는 일인 기업이 전 세계를 상대로 한 영업활동도 가능하게 하였다.

또한 인터넷은 시장에서 가격 투명성이 증대되는 효과뿐만 아니라 판매자와 구매자 사이의 정보 비대칭성을 획기적으로 감소시켜 주었다. 따라서 일반 고객은 과거에 비하여 보다 많은 정보를 가지고 상거래에 임할 수 있게 되었으며, 이는 일반 고객의 협상력을 높여주는 결과를 초래하였다.

그리고 인터넷은 일부 산업에 있어 새로운 비즈니스 모델, 대체재 및 대체 서비스의 출현이 가능하게 함으로써 기업 간 경쟁을 심화시켰다. 따라서 기업이 경재우위를 위한 비즈니스 전략을 수립할 때 인터넷과 정보기술의 잠재적인 영향을 고려하는 것이 효과적인 전략 수립을 위하여 필수적이라 하겠다.

## ❑ 마무리 사례 – 1

### '거대 마트와 맞서려면?' 한 공구 회사의 마케팅 애널리틱스 활용법

만약 전기톱이나 낙엽 송풍기 분야에 몸담고 있다면 아마 스틸(Stihl) 제품의 가치를 알고 있을 것이다. 하지만 대형마트인 홈디포(Home Depot)나 로우스(Lowe's)에서는 스틸 공구들을 찾을 수는 없다.

스틸은 독립 딜러들을 대상으로 한 유통 프로그램을 운영하고 있다. 스틸의 회장은 이러한 판매방식이 석유 구동형 실외 공구 부문을 공략하는데 일조했다고 전했다.

하지만 그런 전략은 스틸이 시장에서 한걸음 동떨어져 있음을 의미한다. 회사의 마케팅 디렉터 켄 윌드론은 "고객들에게 접근하는 게 쉽지 않다"라고 말했다. 자동차 업계 출신인 윌든은 그의 마케팅 투자에 대한 수익률을 증명하는 게 어려웠다.

"쉐보레에서 근무할 때는 매주 월요일마다 어떤 모델이 얼마나 많이 누구에게 어느 지역에서 팔렸는지 빠르게 파악할 수 있었다. 스틸에 입사하기 전까지는 그게 얼마나 편리한 것이었는지 알지 못했다"

라고 월드론은 말했다.

분석을 위해 스틸은 많은 소스들로부터 데이터를 수집해야 하는데, 데이터 완성도는 출처에 따라 제각각이다. 석유 구동형 실외 공구에는 대규모 시장 연구가가 없고, 독립 딜러들은 각기 따로 매출을 기록한다. 스틸은 실외 전동 공구 협회(Outdoor Power Equipment Insitute)에 속해 있는데, 여기 멤버들은 미국 내 도매와 소매 배송량을 협회에 보고한다. 다른 써드파티 연구 회사는 소매 매출을 추적한다. 그리고 스틸은 자체적으로 제품 등록과 품질보증 카드 데이터를 수집한다. 월드론은 "즉 회사의 실적을 이해하는데 다소 노력을 투입해야 한다"라고 말했다.

작년 스틸은 블랙 잉크(Black Ink)에서 나온 아이 온 마케팅 ROI(Eye on Markeging ROI) 소프트웨어를 배치해 2000년부터 축적된 1,000만건 이상의 고객 기록들을 분석하기 시작했다. 작업 목표는 판매 트렌드를 파악하고 이를 활용해 수천 곳의 독립 딜러들이 대형마트에 대항할 수 있도록 돕는 것이었다.

새로운 프로그램에서 스틸은 5,000 군데의 자체 소매점들에게 지역 마케팅 캠페인에 참여하도록 권고했다. 대형 공구 마트에 대한 대안임을 소비자들에게 알리려는 전략의 일환이었다.

월드론은 "홈 디포와 로우스에 경쟁하려는 소매점 군단을 결집시키는 중이다. 이들 소매점 모두 마케팅 노력의 효용에 대해 더 잘 이해하고 싶어한다"라고 말했다. 그에 따르면 스틸의 애널리틱스는 이들 소매점들에게 스틸이 하는 작업을 신뢰하게 하는 이유를 제시할 수 있다.

스틸은 또 분석을 통해 두 가지 고객 유형을 식별해냈다: '전문가형 고객'은 브랜드에 친숙하지만 곧 현재 사용 제품 수명이 끝날 베이비부머 세대들이고, '워너비형 고객'들은 새로운 잠재적 스틸 고객들을 대변하는 2030 주택 소유주 X세대들이다.

스틸은 지금까지는 베이비부머 세대에 집중해왔다. 하지만 데이터 분석 결과는 새로운 가능성을 시사했다. 회사가 마케팅 프로그램의 일정부분을 3040세대를 대상으로 펼쳐서 그에 속하는 고객 수를 단 2%만 증가시켰다 해도 그로 인해 2억 달러 이상의 추가 매출 증가를 가져왔을 것임을 보여줬던 것이다.

이러한 분석 결과는 2015년 배급 매장과 로열티 프로그램에서의 전략에 변화를 초래할 예정이다. 월드론은 "누가 언제 어디에서 제품을 구입하는지를 훨씬 상세하게 프로필화 할 수 있는 능력은 우리의 미디어와 메시지 투자의 효과를 더욱 높여줄 수 있을 것"이라며, "특정 소비자 세그먼트에 대한 효과적인 마이크로-마케팅이라는 개념은 이제 현실이 됐다"라고 말했다. ciokr@idg.co.kr

<CIO코리아, http://www.ciokorea.com/interview/22844> 2014.11.04.

## ❑ 마무리 사례 – 2

### '고객 로열티를 어떻게 확보할까?' 한 외식 기업의 성공담

보스턴 소재 외식 체인 기업인 비굿은 12년 전 이메일을 통해 고객 로열티 프로그램을 시작했다. 가장 큰 이유는 다른 마케팅 전략을 실행할 예산이 없었기 때문이었다. 이후 기업이 성장을 거듭하면서 리워드 정책까지 도입할 수 있었다. 이 회사는 현재 키카드와 스마트폰 앱을 통해 접속하는 5만 3,000여 명의 '패밀리' 회원을 보유하고 있다.

비굿(b.good)은 12년 전 첫 레스토랑을 열었다. 이미 고정 자산에 투자를 너무 많이 한 상황이었기에 마케팅에 쓸 예산이 거의 남아 있지 않았다.

'Real. Food. Fast'라는 로고를 내걸고 영업을 시작한 비굿은 현재 메사추세츠, 메인, 코네티컷에 12개 레스토랑을 운영하고 있으며, 올 봄에는 뉴저지와 로드아일랜드에 새 레스토랑을 개장할 예정이다.

이 외식 체인 기업이 브랜드를 알린 방법 중 하나는 고객 로열티(충성 또는 보상) 시스템이다. 처음에는 이메일 뉴스레터와 쿠폰으로 시작했고, 지금은 비굿을 좋아하는 고객 5만 3,000여 명에게 앱과 키카드(keaycard) 서비스를 제공하고 있다.

비굿을 공동 창업한 존 올린토는 외주 업체의 모든 사람들과 관계를 구축한다는 생각을 갖고 창업을 했다고 말했다. 그녀는 "채소를 재배하는 사람들, 소를 키우는 사람들, 치즈를 만드는 사람들, 스무디에 들어갈 요거트를 만드는 사람들"이라고 설명했다. 그리고 이 아이디어가 고객으로까지 확대되어 만들어진 개념이 '비굿 패밀리(b.good Family)'다.

IDC의 CRM 및 엔터프라이즈 애플리케이션 부문 마리 와들리 프로그램 부사장은 "과거에는 고객들에게 '주입'을 하는 방법을 많이 사용했다. 그러나 우리는 이를 변화시켜 두 가지를 중시한다. 고객의 목소리를 듣고 싶어하는 장소, 고객에게 도달할 수 있는 장소, 존중을 할 수 있는 장소를 찾는다. 우리는 고객과 접촉할 때 진정성을 갖출 필요가 있다"라고 말했다.

다음은 비굿의 고객 로열티 프로그램이 진정성을 바탕으로 고객과 대화와 상호접촉해온 방법들이다.

### 1) 이메일 프리비(경품)로 시작된 고객 로열티 프로그램

비굿은 레스토랑을 처음 개업했을 때, 이메일을 홍보 수단으로 활용했다. 이렇게 한 이유는 단순했다. 예산, 다시 말해 돈이 없었기 때문이다. 광고에 많은 투자를 할 수 없었다. 라디오나 TV 광고는 두 말할 필요도 없다. 하지만 광고에 많은 투자를 하지 않더라도 레스토랑을 홍보해야 했다.

올린토는 "고객과의 접촉 채널로 이메일을 활용할 수 밖에 없다는 현실을 알고 있었다. 이메일 홍보에는 돈이 들지 않기 때문이다. 또 고객에게 들려 줄 '이야기'를 갖고 있었다"라고 말했다.

비굿은 레스토랑에 비치한 노트북 컴퓨터와 인쇄 홍보물을 통해 고객들의 이메일 주소를 수집했다. 그리고 이 이메일 주소로 '이야기'를 공유하고, 회사에 대한 인지도를 높이기 위한 방편으로 무료 음식을 제공하는 쿠폰을 배포했다.

올린토는 고객들이 비굿의 이야기를 경청하고, 그 개념에 동참하면서 브랜드를 공동으로 만들어간다면, '가족 구성원'의 일부로 무료 음식을 제공한다는 생각을 처음부터 갖고 있었다고 말했다. 또 이른바 '인포메이션 스트리트 팀(Information Street Team)'을 형성해, 저렴한 가격에 레이토랑이 제공하는 서비스에 대해 인지도를 높여나갔다고 그녀는 덧붙였다.

## 2) 고객 개개인과 친밀하게 접촉을 하는 데 도움을 준 데이터

비굿은 고객 로열티 프로그램을 시작한지 5년째 되던 해, 이메일 쿠폰 시스템 덕분에 레스토랑을 찾는 고객이 늘기는 했지만, 정확한 효율성은 알지 못한다는 사실을 깨달았다. 올린토는 "캠페인과 판촉 활동을 통제할 수 없었다. 시스템에 단점이 있다는 사실을 알았다. 효과를 평가할 수 없었고, 누가 레스토랑의 브랜드를 알려주는 고객인지 알 수 없었기 때문이다"라고 말했다.

이를 파악하기 위해서는 판촉 활동과 우수 고객에 관한 데이터를 활용할 수 있어야 했다. 와들리는 데이터 활용은 브랜드 홍보에 중요한 일부라고 강조하며, "모든 고객을 대상으로 우수한 고객 경험을 창조하는 것이 중요하다. 그러나 이 고객들 가운데 최고의 고객이 회사를 홍보하는 역할을 한다"라고 설명했다.

비굿은 캡처코드(CaptureCode)와 계약해 두 가지를 처리할 수 있는 시스템을 처음부터 개발해 나가기 시작했다. 누가 언제 무엇을 구매하는지 파악하는 것과, 비굿의 직원들이 고객 개개인과 친밀하게 접촉하는 데 도움을 주는 시스템이 목적이었다.

답은 키카드(Keycard, 열쇠에 달 수 있는 형태의 카드)였다. 고객이 자신의 키카드를 스캔하면 몇 비트의 정보가 표시된다. 성과 이름, 방문 횟수, 사용할 수 있는 판촉 쿠폰 등이다. 이른바 '펀 팩트'(fun fact)에 해당하는 땅콩 등 알레르기 여부, 애완견 이름 등의 정보도 확인할 수 있다. 계산대 직원은 화면을 통해 정보를 확인할 수 있으며, 고객의 주문서에도 인쇄가 된다. '서빙'을 하는 직원들이 볼 수 있도록 하기 위해서다.

키카드는 직원들이 고객의 알레르기 여부를 알 수 있는 것은 물론, 기업 입장에서는 중요한 고객을 이해할 수 있어 도움이 됐다. 이를 통해 타깃화된 판촉 및 경품 제공 활동을 펼칠 수 있었다. 무작위로 홍보를 하면서 '확률'에 기댈 필요가 없는 것이다.

올린토는 "우리는 고객 개개인을 파악해 선물을 주기 원했다"라고 말했다. 그에 따르면 이 시스템은 아주 구체적이다. 일례로 고객 개인에게 맞는 음식을 무료 경품으로 제공할 수 있다.

### 3) 경품을 확인하고, 빨리 지불할 수 있는 '패밀리' 앱

비굿은 스마트폰을 갖고 있지 않는 고객들을 차별하고 싶지 않았기에 키카드를 이용하는 패밀리 프로그램을 먼저 시작했다. 그리고 스마트폰 사용자를 대상으로 비굿 패밀리 앱을 두 달 전 선보였다. 이 앱은 iOS와 안드로이드 플랫폼을 지원한다.

이 앱은 몇 가지 기능을 갖고 있다. 첫째, 키카드와 동일한 역할을 한다. 둘째, 경품을 더 쉽게 얻고, 공유할 수 있도록 해준다. 고객은 앱에서 바로 무료 경품 쿠폰을 사용할 수 있다. 또 다른 사람에게 선물로 줄 수도 있다. 심지어는 판촉 경품에 표시된 이름을 바꿀 수도 있다.

그리고 비굿은 고객들이 레스토랑의 음식을 기부할 수 있는 프로그램을 시작했다. 현재는 보스톤의 초등 학교가 기부 대상이다. 그러나 올린토는 고객 거주 지역에 위치한 단체에도 기부할 수 있도록 프로그램을 확대할 계획을 갖고 있다.

셋째, 비굿 패밀리 앱을 통해 음식 값을 지불할 수 있다. 고객들이 처음 신용 카드를 이용해 앱에서 요금을 지불하면, 계산대 직원이 이 신용 카드 정보를 앱에 기록해 다음 번에도 사용하는 방법이다. (키카드에는 이런 기능이 없다).

물론 키카드도 계속 사용할 수 있다. 와들리는 멀티 플랫폼 지원이 타당하다고 설명했다. 그녀는 "누구나 스마트폰을 사용할 것으로 생각하지만 사실이 아니다. 키카드를 생각해 보기 바란다. 자동차를 쓸 때면 키를 지참한다. 그러나 자전거를 탈 때는 전화기를 갖고 나간다"라고 설명했다.

그녀는 "비굿처럼 이메일, 키카드, 스마트폰 앱을 모두 활용해야 여러 채널에 걸쳐 고객과의 연결을 강화할 수 있다. 고객은 매번 편리함을 기준으로 여러 채널을 옮겨 다닌다"라고 덧붙였다.

### 4) 고객 로열티 시스템의 성과

올린토는 고객 로열티 시스템이 큰 성공을 거뒀다고 강조했다. 현재 앱과 키카드를 사용하는 비굿의 패밀리 멤버는 5만 3,000여 명에 달한다.

올린토는 고객 로열티 프로그램이 이런 수치를 넘어서 '점착력'을 갖고, 고객들이 더욱 쉽게 참여하는 단계에 도달했다고 설명했다. 그녀는 "스마트폰을 이용해 음식 값을 지불하는 것은 중요한 부분이 아니다. 우리는 고객이 시스템을 사용하기 원한다. 그것도 매번 사용하기 원한다"라고 말했다.

고객 참여는 계산을 하면서 앱을 사용하는 데 그치지 않는다. 올린토는 "많은 고객들이 레스트랑에 있는 동안 우리와 '접촉'을 한다. 앱을 통해 창출되는 피드백의 수는 놀라울 정도다"라며, 매 20~30분 마다 고객의 경험에 관한 메시지를 받고 있다고 전했다.

와들리는 비굿의 사업 전략은 고객과 브랜드를 연결하는 데 도움을 줬다고 진단했다. 또 고객 경험을 레스토랑 밖으로 확대해 '건강한 음식' 문화와 지역 농가들을 지원하는 역할을 한다고 덧붙였다.

그녀는 "선택권이 많은 시장에서는 고객들이 음식의 질, 브랜드에 느끼는 호감도, 긍정도 등 여러 요소를 바탕으로 선택을 하게 된다. 비굿의 경우, 이 회사의 원칙에 호응하려는 로열티(충성도)가 있다. 경쟁이 불가피한 시장에서 이는 하나의 차별화 요소다"고 설명했다. ciokr@idg.co.kr

<http://www.ciokorea.com/interview/20399> 2015.7.14.

## ❑ 마무리 사례 - 3

### 1) 의료와 빅 데이터의 만남, "치료 효과 ↑ 재입원 ↓"

임상 질환 치료 개선, 치료 효과 입증, 재입원율 감소는 환자와 병원, 더 나아가 사회적 부담까지도 줄여준다. 게다가 인구 노령화와 깊은 관련이 있는 만성 질환들로 야기되는 사회적 비용 부담은 범지구적인 현상이 됐다. 의료계는 '빅 데이터'에서 이러한 문제들을 해결할 가능성을 찾고 있다.

미국의 카이저 퍼머넌트(Kaiser Permanente), 피츠버그 의과대학 메디컬센터(UPMC, University of Pittsburgh Medical Center), 유나이티드 헬스케어(United Healthcare) 등 대형 종합 의료 기관들부터 25 개의 병실만을 갖춘 지역 병원들까지, 빅 데이터가 의료 비즈니스 일과를 관리하는 새로운 방향을 제시하는 도구로 부상하고 있다.

병원 및 의료 보험사들의 빅 데이터 이용은 주로 임상 질환 치료 개선, 치료 효과 입증, 재입원율 감소 등 3가지 영역에서 이뤄지고 있다. 산업 관계자들은 의료 서비스의 기초적인 분야라 할 수 있는 이 3가지 영역에 빅 데이터 솔루션을 적용함으로써 의료 시스템 전반이 단기간에 큰 규모의 발전을 이룩할 수 있으리라 기대하고 있다. (이 영역들은 의료 시스템뿐 아니라 사회적으로도 많은 비용 부담을 안겨주는 분야들이다.)

미국 최대 규모의 보험사 메디케어(Medicare)는 빅 데이터를 활용한 변화를 주도하는 선두 기업 중 하나다. 메디케어는 다음의 3가지 핵심 영역에서 개선 노력을 벌이지 않는 병원들에게 불이익을 주거나 그렇게 할 계획을 세웠다.

- 급성 심근경색 및 심부전, 폐렴 환자의 재입원율 기준을 30 일로 적용한다.
- 전자 건강 기록(EHR) 시스템을 의미 있게 활용한다.
- 환자에게 입원 시점 제공하지 못한 병원 획득 정보는 해당 환자에게 입원 기간 내에 제공한다.(2014년부터 적용)

비영리단체인 인스티튜트 포 헬스 메트릭스(IHM, Institute for Health Metrics)의 최고 의료 책임자 아니타 칼츠 박사는 "이러한 일련의 변화에 참여하지 않는다면, 2017년에는 그 페널티가 병원의 의료 수익 가운데 6%를 갉아먹을 것이다. 이 정도의 비용을 사소한 것으로 치부할 수 있는 병원을 아마 없을 것이다"라고 말했다. IHM은 지역 병원들이 보유한 미검증 데이터 셋에 데이터 마이닝 솔루션을 적용함으로써 유방암 수술, 고관절 및 견관절 완전 치환, 재입원 위협 등에 대한 임상 효율성 연구를 진행하고 규제 준수 및 보고 체계를 확립하는 과정을 고객 병원들에 지원하고 있다.

### 2) 의료계의 빅 데이터, 동력은 비용과 결과물

오늘날 빅 데이터가 이토록 큰 관심의 대상이 되는 이유는 비용 절감과 의미 있는 결과물 창출이라는 두 가치가 결합됐다는데 있다. 인구 노령화와 그로 인한 사회적 비용 증대는 범지구적인 현상이 되었다. 대책이 마련되지 않을 경우 당뇨나 비만, 심장 질환 등 연령과 상당한 상관관계를 지니는 만성 질환들로 야기되는 사회적 비용 부담은 지속적으로 증가해 통제가 어려운 수준에 이르게 될 것으로 전문가들은 내다보고 있다.

하버드 경영 대학의 초빙 교수이자 최근 빅 데이터를 주제로 한 저서 '퀀츠 따라잡기(Keeping Up with the Quants)'를 출간하기도 한 토마스 데븐포트는 "보험사들이 운영하는 질병 관리 프로그램은 어떤 고객이 당뇨나 심장 질환 발병 위험 요인을 보유하고 있는지 파악해 그에게 생활 습관을 바꿔볼 것을 권유하는 방식으로 관리하고 있다"라고 사례를 들어 설명했다.

스코틀랜드에 있는 생물정보학 기업인 아리디아(Aridhia)도 관련 행보를 진행 중인 기업 가운데 하나다. 아리디아는 영국 국립 의료 시스템과의 공동 작업을 통해 재입원 환자 수를 20만 명 미만으로 줄이는 것을 목표로 노력하고 있다. 이를 위해 이들 기관은 전체 의료 예산의 80%를 소모하는 20%의 환자들을 관리하는데 역량을 집중하는, 이른

바 80/20 법칙을 적용했다.

그들은 1차 진료의의 기록과 이미지 데이터, 인구 통계 데이터, 사회복지 데이터, 연구 작업, 보건 의료 시스템 데이터베이스 등의 소스들로부터 실시간에 가깝게 데이터를 추출하고 편집한 뒤 배치 프로세스(batch process)를 적용함으로써 환자들의 재입원 원인이 무엇인지 확인하는 방향으로 노력을 진행했다. 이와 같은 분석 작업은 당뇨로 인한 신체 절단율을 40% 줄일 수 있었고, 의료 기관 방문에 대한 환자들의 인식 개선에도 긍정적인 효과를 가져왔다.

아리디아의 CEO 데이빗 사이볼드는 "이 작업을 통해 1차 진료의나 지역 의료 활동가들의 주민 지원 방식은 혁신적으로 개선됐다. 이제는 '병에 걸리면 치료 받는' 것이 아닌, '위험 요인을 사전에 파악하고 이를 관리하는' 것이 가능하게 되었다"라고 설명했다.

미국 오하이오 주립 대학 벡스너 메디컬 센터(Wexner Medical Center)에서도 이와 유사한 활동이 진행 중이다. 이 의료 센터의 CIO인 필리스 티어터는 "우리는 연구 개발 업체 베텔르 메모리얼 인스티튜트(Battelle Memorial Institute)와 공동 작업을 진행하고 있다. 목표는 데이터 마이닝과 예측 분석을 활용해 재입원율을 줄이고 치료의 질을 개선하는데 있다. 유럽에서도 얼마 전 쿠람 소프트웨어(Cúram Software)를 인수한 IBM이 덴마크와 카탈로니아에서 우리와 비슷한 의료 시스템 지원 프로젝트를 진행하고 있는 것으로 알고 있다"라고 밝혔다.

### 3) 데이터 마이닝, 의료계에서 '퍼팩트 스톰'으로

데이터 마이닝은 오래 전부터 의료 산업에서 이용됐던 기술이다. 근거 중심 의학(evidence-based medicine)의 경우에는 그 뿌리 자체를 데이터 마이닝에 두고 있다고 이야기할 수 있을 정도다. 그리고 EHR 시스템의 보급과 소셜 서비스, 인구 조사 데이터 등 일반적으로 독립 정보들로 존재하는 영역들에 있는 정보까지도 통합하고 이를 통해 얻는 가치는 의료 기관들을 빅 데이터의 영역으로 이끄는 견인차로 역할을 하고 있다.

대부분의 의료 공급자들과 달리 벡스너는 2000년대 초반부터 EHR을 활용해왔다. 그러나 이들의 행보는 여타 EHR 얼리 어답터들과는 차이를 보였다. 벡스너에서 EHR은 단순히 수집한 환자 진료 기록 및 데이터의 통로 이상의 역할을 맡았다. 100만 명이 넘는 환자로부터 13년 이상 동안 수집한 일련의 기록들은 벡스너에겐 막대한 데이터 분석 과제로 다가왔다.

티어터는 "의료 산업의 역사는 자동화와는 거리가 멀었다. 환자와 관련한 기록들 대부분은 종이 차트로 보관되는 것이 일반적이었다. 종이 차트에서 어떤 예측 모델링이 가능했겠는가? 분명 많은, 아니 막대한 데이터지만, 이를 '빅 데이터'라고 부를 수는 없을 것이다. 의료진들은 그저 차트 더미를 뒤적이며 환자의 과거 기록들을 살펴봤을 뿐이다"라고 말했다.

한편 시애틀 아동 병원에서는 애널리스트들의 진료 품질과 관련한 해답 도출 및 전달 과정을 능률화하기 위한 IBM 퓨어시스템즈(IBM PureSystems) 업그레이드가 이뤄졌다. 그리고 피츠버그 의과대학 메디컬센터는 실험실, 제약실 등을 포함하는 200 곳 이상의 내/외부 데이터 소스를 통합하는 포괄적 데이터 웨어하우스의 구축 작업을 진행하고 있다.

미국의 의료 전달 시스템은 많은 부분에서 파편화된 모습을 띠고 있다. 하지만 이제는 각 데이터 소스를 둘러싸고 있는 벽들을 해체하고 데이터를 탈식별(de-identify)하는, 그리고 이 데이터들을 보다 넓은 범주 속에 통합해 누구나 여기에 접근할 수 있도록 하는 노력을 진행해야 할 것이다.

IBM 인더스트리 솔루션즈(IBM Industry Solutions)의 부사장 카렌 패리시는 "우리는 거대한 태풍 속에 서 있다. 무수한 데이터가 우리 주위를 휘몰아치고 있다. 하지만 모두 파편화된 형태다. 이것이 우리가 직면한 가장 큰 문제다. 어떻게 이것들을 묶어 그 속에서 의미를 발견할 수 있을까?"라고 설명했다.

옵튬랩스(OptumLabs)와 같은 기관들이 지향하는 목표 역시 여기에 있다. 지난 1월 유나이티스 헬스케어 내부의 의료 정보 과학 기관인 옵튬(Optum)과 마요 클리닉(Mayo Clinic)의 협업의 일환으로 출범된 옵튬랩스는 '환자 진료를 위한 새로운 실천적 솔루션 추구에 관심을 둔 기관들이 접근 가능한 정보 자산, 테크놀로지, 지식 툴, 과학적 지식'을 구축하는 것을 목표로 하고 있다.

### 4) 여기 빅 데이터가, 그리고 왓슨이 있다

IBM의 왓슨(Watson)이 없었다면 '의료 산업 빅 데이터' 역시 탄생하지 못했을 것이다. 왓슨은 그 자체로 하나의 상징이 되었다. 약 1 년여 전 IBM은 의료 보험사인 웰포인트(Wellpoint)와 메모리얼 슬로언 케터링 암센터(Memorial Sloan-Kettering Cancer Center)와 공동 프로젝트를 통해 왓슨이 종양학자들에게 가능한 치료 옵션을 제안하는 보조자 역할을 할 수 있도록 훈련하는 임무를 진행했다.

의료 업계가 그간 마주해 온 가장 큰 과제 중 하나는, 약물 부작용에서 치료 방법론의 발전, 게놈 연구까지 수 많은 영역들에서 막대한 양의 정보가 수집된다는 것이었다. 이 모든 정보를 처리할 수 있는 의사는 지금껏 단 한 명도 없었다. 하지만 이제는 왓슨이 150 만의 탈식별 메모리얼 슬로언 케터링 특허 기록들을 처리하는 역할을 수행하고 있다. 왓슨에는 60 만 건의 공개 의학적 증거들과 40 곳 이상의 의학 저널들에서 발췌한 200 만 페이지의 텍스트도 저장돼 있다.

왓슨 프로젝트의 결과물은 이제 상용화 단계에 도달했다. IBM과 메모리얼 슬로언 케터링, 그리고 웰포인트는 지난 2월 왓슨을 기반으로 한 첫 상품을 발표했다. 웰포인트와 IBM의 제휴를 통해 탄생한 이 왓슨 기반 이용 관리 솔루션에는 인터랙티브 케어 인사이트 포 온콜로지(Interactive Care Insights for Oncology), 웰포인트 인터랙티브 케어 가이드(WellPoint Interactive Care Guide), 그리고 인터랙티브 케어 리뷰어(Interactive Care Reviewer) 3개의 툴이 포함된다.

패리시는 "우리의 많은 고객사들은 빅 데이터를 하나의 문제로 바라보고 있다. 하지만 우리는 아니다. 빅 데이터는 산재된 요소들을 하나의 실제로 수렴해주는 환상적인 도구다. 우리에겐 데이터가 있다. 이제는 '데이터를 어떻게 쓸 지'가 문제되지 않는다. 내가 빅 데이터를 거대 태풍이라 부르는 이유가 바로 이것이다"라고 설명했다. ciokr@idg.co.kr

<http://www.ciokorea.com/interview/17980> 2015.7.16.

# 04 | 기업 전략과 전략적 정보시스템

## 1. 전략의 정의

전략이라는 용어는 원래 군사학에서 사용된 개념으로서, 그리스에서 유래되며 "자원의 배치를 통하여 적을 정복하는 계획"으로 번역될 수 있다. 비즈니스 관점에서 전략은 불확실한 상황 하에서 하나 또는 복수의 목적을 달성하기 위한 계획으로 정의될 수 있다. 정보시스템은 의사결정 또는 업무 수행을 돕기 위하여 자료를 수집·저장·처리하여 정보를 사용자에게 제공하여 주는 일련의 하드웨어, 소프트웨어, 통신기기, 데이터베이스, 절차 등의 집합체라고 할 수 있다.

## 2. 정보시스템의 전략적 영향

정보기술과 정보시스템은 기업 조직에 있어 산업, 기업, 전략의 세 단계에 영향을 미친다.

- 첫째, 산업 단계에서 정보기술과 정보시스템은 산업의 제품, 서비스, 그리고 시장, 또는 산업의 생산과 유통 경제에 영향을 미친다. 정보기술과 정보시스템으로 인하여 전자책(e-books), 온라인 뱅킹(online banking), 온라인 신문구독(online newspaper subscription)과 같은 새로운 제품과 서비스의 출현이 가능하게 되었다. 그리고 정보기술과 정보시스템의 활용을 통하여 연구 및 개발에서부터 제품의 판매 단계까지 이러는 제품의 생명주기(the life cycle of a product)가 단축될 수 있으며, iTunes.com의 예에서 보듯이 제품이나 서비스의 유통과정을 신속하게 할 수 있다. 또한 정보기술과 인터넷은 전세계에 흩어져 있는 잠재고객을 사이버 공간에서 연결할 수 있게 하여 시장의 확대를 가져옴으로써 다양한 산업에 커다란 영향을 미쳐왔다.
- 둘째, 기업 단계에서 정보기술과 정보시스템이 기업에 미치는 영향은 그 기업이 직면하고 있는 구체적인 경쟁 세력에 의하여 결정된다. 이들 경쟁 세력들이 산업의 구조 및 그 산업에 있어 개별 기업에 대한 경쟁 영역을 정하게 된다. 정보기술과 정보시스템이 산업 전체에 커다란 영향을 미치는 경우에는, 당연히 정보기술과 정보시스템이 그 사업에 속한 개별 기업에도 커다란 영향을 미칠 것이다.
- 셋째, 전략 단계에서 정보기술과 정보시스템은 기업의 하나 또는 다수의 일반적인 전략을 실행하는 것을 지원함으로써 기업의 전

략 실행에 있어 변화를 줄 수 있다. 성공적인 기업은 경쟁 영역에 있어 기업이 산업의 경쟁 세력에 비하여 상대적으로 유리한 위치를 차지할 수 있도록 이러한 전략을 사용하고 있다. 예를 들면, 세계 최대의 소매 체인점인 미국의 월마트(Walmart)는 다른 소매 체인점보다 상품의 가격 경쟁력을 높이기 위하여 지속적 재고보충 시스템(continuous replenishment systems)을 활용하여 재고관리비용을 줄임으로써 이를 상품 가격에 반영하여 경쟁사들에 비하여 보다 높은 가격 경쟁력을 유지하고 있다.

McFarlan과 McKenney는 정보기술 또는 정보시스템이 조직에 미치는 전략적 영향을 설명하는 모델을 제시하였다. McFarlan과 McKenney가 제시한 전략적 그리드(strategic grids) 프레임워크 모델은 올바른 정보시스템 전략을 선택하기 전에 최고경영층이 조직에 있어 현재와 미래에 정보기술(information technologies)이 가지는 중요성을 결정하여야 한다는 생각에 바탕을 두고 "전략적", "선회", "공장", 그리고 "지원"의 네 가지 전략적 영향으로 분류하고 있다.

### 1) 전략적 그룹

McFarlan과 McKenney가 제시한 모델에 따르면 현재의 정보시스템(애플리케이션)과 미래에 계획된 정보시스템이 조직에 상당한 전략적 영향을 미칠 경우 이 조직은 "전략적(strategic)" 그룹에 속한다고 분류하고 있다. 즉 은행 또는 금융기관과 같이 "전략적" 그룹에 속하는 조직에 있어 정보기술은 조직에 커다란 전략적 영향을 미친다.

### 2) 선회 그룹

“선회 또는 방향전환(turnaround)” 그룹에 속하는 조직에 업무를 위해 현재 구축된 정보시스템에 전적으로 의존하지 않지만, 새롭게 계획하고 있는 많은 정보시스템들이 미래에 상당한 경쟁우위를 가져다 줄 수 있으리라 기대한다. 많은 소매기업들이 이 그룹에 속하며, 재고 및 판매관리 등에 유사한 정보시스템을 사용하기 때문에 정보시스템의 전략적 영향은 제한적이라고 할 수 있으나, 혁신적인 정보시스템을 개발하여 재고 및 판매관리 또는 고객관계관리 등에 사용할 경우 미래의 전략적 영향은 상당히 클 수 있다.

### 3) 공장 그룹

“공장(factory)” 그룹에 속하는 조직은 일상적인 업무의 상당한 부분을 정보시스템에 의존하고 있으며, 미래에 계획하고 있는 새로운 정보시스템이 조직에 가져다 줄 수 있는 경쟁우위가 상대적으로 커지 않을 것으로 기대한다. 예를 들면, 철도회사의 경우에 새로운 정보시스템의 개발로부터 커다란 경쟁우위를 기대하기가 쉽지 않다고 할 수 있다.

### 4) 지원 그룹

“지원(support)” 그룹에 속하는 조직은 업무의 대부분을 정보시스템에 의존하고 있지 않으며, 미래에 계획하고 있는 새로운 정보시스템이 조직에 커다란 경쟁우위를 가져다주지 않을 것으로 기대한다. 단순 제조업을 하는 기업들이 이 부류에 속하며, 이들 기업들은 정보시스템을 단순히 업무 지원을 위한 목적으로 사용하고 있으며, 전략적 효과를 위하여 새로운 정보시스템 개발을 크게 고려하지 않는다.

위에 설명된 정보시스템이 조직에 가져다주는 네 가지 유형의 전략적 영향은 조직이 정보시스템과 정보기술에 대하여 가지는 필요성(needs)이 다양하다는 것을 잘 보여주고 있다. 따라서 정보시스템과 정보기술이 조직에 가져다줄 수 있는 전략적 영향에 대한 분류를 한 후에 최고경영층이 조직에 있어 정보시스템 부서 미션(mission) 또는 역할을 결정하여야 한다. 또한 하나의 기업도 정보기술과 정보시스템에 대한 필요성이 다른 여러 가지 사업부로 구성되어 있을 수 있어서, 어떤 사업부는 "전략적" 또 다른 사업부는 "지원" 등의 그룹에 속할 수 있다. 따라서 각각의 사업부(strategic business unit: SBU)는 정보기술과 정보시스템이 어떠한 영향을 미치는지 잘 파악한 후에 이에 적합한 정보기술 전략을 수립하여야 한다.

## 3. 기업에서 정보시스템의 역할

정보기술과 정보시스템의 전략적 영향은 산업에 따라 다를 수 있으며, 같은 산업에 속한 기업들 사이에도 차이가 날 수 있다. 즉 특정 정보기술과 정보시스템이 한 기업의 환경에서는 좋은 효과를 내는 반면에 다른 기업 환경에서는 그렇지 못할 경우도 있다. 이런 이유 때문에 특정의 사업부나 기업을 위한 정보시스템 전략 또는 정책을 수립할 때 조건부적인(contingency) 접근방법이 반드시 필요하다고 하겠다. 즉 조직의 정보정책은 조직의 분위기, 조직 문화, 조직이 속한 산업, 기업의 경영철학, 조직의 구조, 조직의 환경을 잘 고려하여야 한다.

정보시스템 관리자와 최고경영자가 정보기술과 정보시스템이 조직에 미치는 영향에 대하여 동일한 인식을 가지는 것이 중요하다. 예를 들면, 최고경영자는 정보기술 또는 정보시스템이 조직에 미치는 영향이 “지원적” 이라고 인식하는 반면에 최고 정보기술책임자는 정보기술 또는 정보시스템이 조직에 미치는 영향이 “전략적” 이라고 생각한다면, 이 두 사람 사이에는 의식의 차이가 있다는 것이다. 따라서 만약 최고경영자의 인식이 옳다면, 최고 정보기술책임자는 실망감을 느낄 수 있을 것이다. 반면에 최고 정보기술책임자의 생각이 옳다면 최고경영자는 정보기술과 정보시스템이 조직에 미치는 영향에 대한 교육이 필요하다고 하겠다. 이들 두 사람 가운데 어느 누가 옳다고 하더라고 이들 사이에 존재하는 정보기술 또는 정보시스템이 조직에 미치는 영향에 대한 인식의 차이는 수정되어야 한다.

정보기술 또는 정보시스템이 조직에 미치는 영향이 조직이 적절한 정보시스템 정책과 접근법을 선택하는데 커다란 영향을 미친다. 예를 들어, 정보기술 또는 정보시스템이 조직에 각각 “전략적” 또는 “지원적” 역할(영향)을 한다고 가정하면, 아래의 <표-3>은 McFarlan과 McKenney가 제시한 정보시스템이 조직에 가져다주는 전략적 영향에 대한 모델이 왜 조직의 정보시스템 정책 결정에 있어 좋은 출발점이 되는지를 잘 보여주고 있다.

일반적으로 시간이 흐름에 따라 더 많은 조직들이 정보기술 또는 정보시스템이 미치는 영향에 있어 “전략적” 그룹에 속하는 것을 알 수 있으며, 이들 조직에서 정보기술 또는 정보시스템을 전략적 무기로 사용하는 것을 아주 중요하게 생각하고 있다.

<표-3> **정보기술의 역할** : "**지원**" vs. "**전략적**"

| 정보시스템 이슈 | "지원" | "전략적" |
|---|---|---|
| CIO가 보고하는 사람 | 기능부서의 부서장 | 최고경영자(CEO) |
| 일반 경영부서의 참여 | 중간 관리층 | 최고경영층 |
| 정보시스템 계획 | 기술적 | 전략적 |
| 정보시스템 부서의 미션 | 통제 | 기술적 혁신 |
| 정보기술에 대한 투자 | 보수적 | 적극적(공격적) |
| 최고 정보기술책임자의 기술 | 기술적 | 비즈니스 관리 |
| 정보기술의 초점(주안점) | 효율성(생산성) | 효과성 |
| 조직에서 정보시스템 부서의 위상 | 낮음 | 높음 |
| 정보시스템 관리 | 통제(control) | 영향(influence) |
| 사용자 참여 | 낮음 | 높음 |

## 4. 전략적 정보시스템(strategic information systems: SIS)

전략적 정보시스템(strategic information systems)은 조직의 경쟁우위 전략을 지원하기 위하여 사용되는 정보시스템이라고 정의할 수 있다. 전략적 정보시스템은 고객과의 연계 향상, 공급업자와의 연계 원활, 제품디자인 향상의 용이, 새로운 판매기회의 제공, 고객에게 보다 나은 서비스 제공, 또는 구성원의 생산성 제고 등의 목적을 위하여 정보기술을 활용하고 있다. 따라서 기업이 자본, 인적자원, 제품 등과 같은 기업자산의 활용을 극대화하는데 있어 정보기술 또는 정보시스템이 매우 중요한 요소가 될 수 있다는 것이 강조되어야 한다.

기업의 경쟁 환경이 점차 심화되면서 많은 조직에서 정보시스템을 경쟁우위 확보를 위한 무기로 활용하는데 관심을 보이고 있다. 특히 주요 컨설팅 회사들이 자사의 고객들에게 전략략 정보시스템에 대한 자문을 해주고 있으며, 아메리칸 에어라인(American Airlines), 델 컴퓨터(Dell.com),

UPS(United Parcel Service) 등의 기업들이 성공적인 전략적 정보시스템의 구축으로 경쟁우위를 확보한 것을 볼 수 있다.

정보시스템이 조직에서 역사적으로 어떻게 활용되었는지 간략하게 짚어보는 것이 의미가 있다고 하겠다. 일반적으로 조직에서 정보시스템을 도입한 초기에는 거래를 기록하고 재고량을 업데이트하기 위한 거래처리시스템(transaction processing systems: TPS)이 많이 사용되었으며, 이후에 조직의 업무 통제를 위하여 일상적인 보고서를 생성하는 경영정보시스템(management information systems: MIS)이 사용되었다. 조직에서 정보시스템의 효익이 널리 인식되어 감에 따라 조직에서 관리자의 의사결정을 효과적으로 지원하기 위한 의사결정지원시스템(decision support systems: DSS)을 도입하게 되었으며, 기업 간의 경쟁이 점차 심화되어 감에 따라 많은 기업들이 경쟁우위 확보를 위한 목적으로 전략적 정보시스템(strategic information systems: SIS) 관심을 보여 왔다.

거래처리시스템과 경영정보시스템은 일반적으로 기업의 비용 측면을 다루기 위하여 사용되었으며, 반면에 전략적 정보시스템은 새로운 정보 기반의 제품과 서비스, 또는 비즈니스 모델 등을 통한 기업의 수입 측면을 공략하기 위하여 사용되고 있다. 그리고 거래처리시스템, 경영정보시스템, 의사결정지원시스템은 일반적으로 조직 내부의 부서 업무지원 또는 비즈니스 프로세스에 초점을 맞춘 내부 지향적인 특성을 가진 반면에 전략적 정보시스템은 조직의 외부 환경과의 관계에 영향을 미치는 외부 지향적 특성을 가진다.

### 1) 경쟁 영역에 대한 정보기술과 정보시스템의 영향

기업의 경쟁력을 분석하는 수단으로서 가장 널리 알려진 것 가운데 하나가 포터(Michael Porter)의 경쟁세력 모델(Competitive Forces Model)이다. 경쟁세력 모델은 특정 산업에 있어 한 기업의 전략적 위치와 경쟁우위를 위한 전략을 이해하는데 널리 사용되고 있다. 포터에 의하면 특정 산업에 있어 경쟁 상태는 다섯 개의 세력에 의하여 결정된다고 한다.

Porter의 경쟁세력 모델은 특정 기업과 기존 경쟁사, 고객, 공급자, 대체재 또는 서비스, 그리고 신규 진입자로 표현되는 다섯 개의 경쟁세력들과의 상호관계를 설명하고 있다. 정보기술과 정보시스템은 기업과 경쟁세력과의 관계에 있어 공급자의 협상력, 고객의 협상력, 신규 진입자의 위협, 대체제 또는 서비스의 위협, 그리고 산업 내 경쟁자의 입지 선정에 변화를 줄 수 있다.

특정의 산업에 있어 각각의 경쟁세력의 형태는 한 기업의 수익성에 영향을 미치며, 그 기업이 채택하는 전략을 결정하게 된다. 본질적으로 이들 경쟁세력들은 기업이 경쟁우위 전략을 실행하는 대상들이 된다. 기업의 경쟁우위 전략은 한 산업에서 기업이 방어할 수 있는 위치를 확보하기 위한 공격적 또는 방어적인 활동을 포함하고 있다. 기업은 공격적 또는 방어적 활동을 통하여 경쟁세력들을 성공적으로 잘 대처할 수 있으며, 수익성을 향상시킬 수 있다.

기업은 정보기술과 정보시스템을 활용하여 아래와 같이 경쟁세력에 영향을 미칠 수 있다.

① 공급자

기업은 정보기술과 정보시스템을 사용하여 공급업자에 대한 정보를 제공해 주는 상업용 데이터베이스를 사용함으로써 공급업자의 숫자와 조합을 증가시킬 수 있다. 또한 기업은 공급업자에게 정보기술 또는 정보시스템 기반의 연계를 주장함으로써 공급업자의 협상력을 약화시킬 수 있다. 예를 들면, 세계 최대 규모의 소매체인인 미국의 월마트(Walmart)는 주요 공급업자에게 상품을 납품할 때 RFID(radio frequency identification) 칩(chip)을 부착할 것을 요구함으로써 재고관리를 효율적으로 할 수 있어 저가 전략을 효과적으로 실행하고 있다.

② 고객

기업은 고객이 다른 공급업자로 교체할 때 발생하는 전환비용의 증가를 통하여 고객에 대하여 협상력을 높일 수 있다. 예를 들면, 미국의 아메리칸 항공사(American Airlines)는 SABRE(Semi Automated Business Research Environment)시스템을 고객인 여행사에 제공함으로써 이들 고객이 다른 경쟁회사로 쉽게 전환하지 못하게 함으로써 고객에 대하여 협상력을 높일 수 있었다. 또한 기업은 정보기술과 네트워크에 기반을 둔 전자상거래에 참여하여 잠재 고객의 숫자를 높임으로써 고객에 대하여 협상력을 강화시킬 수 있을 것이다.

③ 신규 진입자

기업은 정보기술과 정보시스템을 기반으로 시장에서 새로운 상품 또는 서비스를 가장 먼저 출시함으로써 시장의 진입 장벽을 쌓을 수 있다. 예를 들면, 미국의 Merrill Lynch사는 업계 최초로 정보시스템을 기반으로 하는 종합자산관리(Cash Management Account: CMA)서비스를 개발하고 이에 대한 특허를 취득함으로써, 종합자산관리 서비스 사업에 대하여 경쟁사들에 대한 진입 장벽을 쌓을 수 있어서 7년 동안 독점적으로 이 사업을 할 수 있었다.

④ 대체재 또는 서비스

기업은 정보 기반의 서비스를 제공함으로써 자사의 제품 또는 서비스를 질적으로 더욱 향상시킬 수 있다. 예를 들면, 미국의 UPS(United Parcel Service)사는 업계 최초로 웹기반의 패키지 트래킹(package tracking) 서비스를 무료로 고객들에게 제공함으로써 대체 서비스의 출현을 억제할 수 있었다.

⑤ 산업 내 경쟁자

기업은 동일한 산업 내의 경쟁사들과 전략을 제휴를 맺음으로써 경쟁우위를 확보할 수 있다. 예를 들면, 많은 금융기관들이 경쟁사와 전략을 제휴를 통하여 자동인출기(automatic teller machine: ATM) 서비스를 제공함으로써 경쟁우위를 확보하려고 한다. 그리고 음반 산업에서 보듯이 iTunes.com은 인터넷을 기반으로 디지털로 된 음원을 판매하는 비즈니스 모델을 개발함으로써 음반 제품의 유통에 혁신을 가져옴으로써 경쟁우위를 확보할 수 있었다.

앞의 사례들은 만약 다섯 개의 경쟁세력에 의한 영향이 크다고 한다면 정보기술과 정보시스템이 기업의 전략 수립 및 실행에 있어 중요한 요소로서 사용될 수 있다는 것을 보여주고 있다. 기업은 경쟁우위를 확보하기 위하여 정보기술과 정보시스템을 공격적으로 사용할 수 있으며, 또한 경쟁사들이 경쟁우위를 확보할 수 있는 기회를 최소화하기 위하여 방어적으로 사용할 수도 있다. 이들 다섯 개의 경쟁세력들은 어느 정도까지는 조절이 가능하며, 음반, 항공과 같은 일부 산업에서는 정보기술과 정보시스템이 이런 목적을 위한 효과적인 도구로서 사용되기도 한다.

## 5. 전략적 정보시스템의 기회를 찾는 방법

정보기술을 바탕으로 하는 전략적 정보시스템의 기회는 정보 집약적인 프로세스 또는 제품(products)의 특성을 가진 환경에서 보다 많이 찾을 수 있다. 아래와 같은 몇 가지 독특한 산업적 특징들이 전략적 정보시스템의 잠재적 기회에 대한 가능성에 영향을 미친다고 할 수 있다.

▸ 구매자와 공급자와의 주요 관계에 있어 중요한 정보 콘텐츠의 존재
▸ 산업 내에서 경쟁우위를 확보해야 하는 압력의 존재
▸ 산업의 제품·서비스의 제한된 유효 수명. 예) 판매되지 않은 비행기 좌석 또는 호텔 객실과 같은 소멸성 제품 또는 서비스

기업의 목표가 정보기술 기반의 전략적 애플리케이션을 찾는 것이라면, 기능부서와 일반경영층의 적극적인 참여가 필수적이라 하겠다. 즉 기능부서에서 경쟁우위를 확보하기 위하여 정보기술을 활용하고자 하는 욕망과 어떻게 이를 실현할 것인가 하는 비전 제시가 있어야 한다. 이러한 욕망과 비전 제시의 책무를 정보시스템 관리층에게 이양하면 기업은 효과적인 결과를 얻을 가능성이 적다고 볼 수 있다. 일반관리자와 정보시스템 관리자들이 정보기술이 가져다줄 수 있는 전략적 기회에 대한 관심을 공유하여야 한다.

전략적 정보시스템의 기회를 포착하는 과정은 일반적인 기업 전략, 경쟁세력, 가치사슬, 그리고 전략적 정보시스템의 잠재적 위험들을 모두 고려하여야 한다.

먼저 예비 단계에서 전략적 정보시스템의 기회 포착 과정의 사전단계는 기업의 가치시스템(비즈니스 파트너들의 가치사슬의 집합)에 대한 검토이다. 이 단계에서 전략적 정보시스템의 기회 포착 과정을

수행하는 책임을 지는 임시 위원회, 전략적 정보시스템 전담의 정보시스템 부서, 또는 컨설턴트 등의 기업 조직이 자사의 가치사슬 상의 주요 활동과 지원활동, 구매자의 가치사슬, 공급업자의 가치사슬, 그리고 경쟁사의 가치사슬 등을 분석한다. 이 분석은 기업 전체가 아니라, 주요 제품 또는 서비스와 관련된 기업의 전략적 사업부서(strategic business unit)와 결부시켜야 한다. 이 분석의 결과는 1단계와 2단계에 input과 아이디어, 그리고 통찰력(이해)을 제공하게 된다.

1단계와 2단계는 동시에 진행되며, 상호 피드백을 제공하도록 한다. 1단계와 2단계는 일련의 전략적 대상(targets)과 정보기술의 지원을 받아 이들 대상에 영향을 미칠 수 있는 기업의 전략에 초점을 맞춘다. 이들 전략적 대상으로서 구매자, 공급업자, 잠재적 신규 진입자, 기존의 경쟁사, 그리고 대체재와 대체서비스 등이 있다.

1단계와 2단계에서 기업은 가능한 많은 수의 전략적 대상 목록을 생성해내야 한다. 이 목록으로부터 기업은 정보기술 또는 정보시스템의 도움을 받는 전략을 통하여 공세 또는 방어에 적당한 대상을 선택하게 된다. 이들 전략으로서 가격 우위, 차별화, 집중화(focus), 성장, 전략적 제휴(alliance), 혁신 등과 같은 것이 포함된다. 기업 전략과 이와 관련된 전략적 정보시스템은 복수의 대상에 대하여 공세를 취하기 위하여 사용될 수도 있다. 또한 공세의 대상은 하나 이상의 전략적 정보시스템에 의하여 영향을 받을 수도 있다.

일단 정해진 대상을 겨냥한 전략이 선택되면, 3단계에서 전략적 정보시스템의 (상대적 위치를 잡는다) 태세를 갖춘다. 전략적 정보시스템은 대상이 확보하고 있는 경쟁우위를 감소시키기 위하여 방어적으로 사용되거나, 경쟁우위를 보다 많이 확보하기 위하여 공격적으로 사용될 수도 있다. 예를 들면, 선택된 전략적 정보시스템은 신규 진입자로부터 방어하기 위하여 자사의 고객들에게 더 많은 전환비용을 부가시킬 수 있다. 또한 기업은 자사의 시장을 확대하기 위하여 전략적 정보시스템을 기반으로 하는 전략적 제휴를 맺을 수도 있다.

4단계에서 기업은 공격 또는 방어를 위한 전략적 정보시스템이 (공격 또는 방어) 대상(targer)에게 정보기술을 내부 지향적 또는 외부 지향적으로 사용할 것인가를 고려하여야 한다. 예를 들면, 고객을 대상으로 틈새시장 전략을 공격적으로 실행할 경우, 만약 기업이 고객을 묶어두기(lock in) 위하여 단말기와 재고관리시스템을 고객에게 제공한다면 전략적 정보시스템은 외부 지향적인 태세를 취해야 한다. 그리고 고객을 대상으로 방어적인 태세로 비용우위 전략을 실행할 경우, 선택된 전략적 정보시스템은 제품 개발 및 제조비용을 줄이기 위하여 내부적으로 CAD(computer-aided design) / CAM(computer-aided manufacturing) 기술을 사용할 수 있다.

5단계에서 기업은 전략적 정보시스템과 관련된 운영상의 위험과 전략적 위험을 평가하여야 한다. 운영상의 위험은 선택된 전략적 정보시스템의 규모, 구조화(structuredness), 그리고 기업이 전략적 정보시스템에 사용하려는 정보기술에 대한 친밀함(familiarity) 정도에 초점을 맞추어 평가하여야 한다. 이런 운영상의 위험에 대한 평가를 바탕으로 기업은 이들 위험에 효과적으로 대처하기 위하여 공식적인 계획 및 통제 기법, 외부 컨설턴트 활용, 운영위원회(steering committee)와 같은 방법을 선택할 수 있다. 그리고 전략적 정보시스템이 성공적으로 구축되었다고 가정하고, 전략적 정보시스템의 초기 성공이 기업에 시사하는 바가 무엇인지 검토하여야 한다.

마지막 단계에서 고려중인 전략적 정보시스템을 승인할 것인가에 대한 의사결정이 이루어져야 한다. 기업은 고려중인 전략적 정보시스템 프로젝트를 취소하거나 수정을 요청할 수 있다. 만약 수정을 요청할 경우, 수정하여 다시 제안된 전략적 정보시스템을 평가하기 위하여 전략적 정보시스템 기회 포착 과정을 다시 적용하여야 한다. 만약 선택된(제안된) 전략적 정보시스템을 구축하기로 하였다면, 이를 기업의 정보시스템 종합계획(master plan)과 이에 따르는 년간(단기) 정보시스템 계획에 구체화(포함)시켜야 한다.

앞서 설명된 전략적 정보시스템 기회 포착 과정은 일반 경영층과 정보시스템 관리층에게 다음과 같은 중요한 조직상의 시사점을 제시하고 있다: 누가 전략적 정보시스템의 기회 포착과 개발에 대한 책임을 질 것인가? 정보시스템부서는 전략적 정보시스템 전담 그룹을 만들어야 하는가? 새로운 전략적 정보시스템을 위한 기술을 내부적으로 개발할 것인가 아니면 외부의 전문가를 고용할 것인가? 지속적으로 전략적 정보시스템 계획 프로세스를 가지고 있어야 하는가? 예를 들면, 일부 기업은 외부 환경을 관찰하며, 경쟁우위 확보에 도움을 줄 수도 있는 정보기술을 탐색하는 특별한 조직을 정보시스템부서 내에 두기도 한다.

## 6. 전략적 정보시스템의 위험

어떠한 형태의 정보시스템 프로젝트라도 시스템을 구축할 때 실패할 수 있는 운영적(기술적) 위험이 있다. 정보시스템 구축과 관련하여 예산 초과, 구축 시간의 지연, 또는 사용자 정보요구사항의 미충족 등과 같은 위험을 들 수 있다. 이러한 위험을 초래할 수 있는 정보시스템 프로젝트의 특성으로서 프로젝트의 규모, 복잡성(structuredness or complexity), 그리고 정보시스템의 구축에 사용되는 정보기술의 상대적 또는 절대적 새로움(newness or familiarity) 등이 있다.

일반적으로 구축 기간 또는 투자금액으로 표현하여, 정보시스템 프로젝트의 규모가 커면 클수록 사전에 계획된 기한과 추산된 비용 조건을 충족시키는 것이 더욱 어려워진다. 정보시스템의 복잡성은 정보시스템의 출력물(outputs)이 얼마나 잘 정의되었는가, 그리고 프로젝트를 시작할 때 사용자들에 의해 정의된 정보 요구사항이 출력물과 얼마나 유사한가와 밀접한 관계가 있다. 또한 기업이 정보시스템 구축을 위해 도입하려는 정보기술이 기업에게 상대적으로 새롭다거나 잘 알지 못할 경우, 정보시스템 프로젝트의 위험성은 더욱 커질 수 있다.

일반적으로 전략적 정보시스템은 비즈니스 환경의 점증하는 복잡성을 반영하기 때문에 규모가 클 경우가 많다. 또한 전략적 정보시스템은 대게는 응용 분야에 있어 첫 번째일 경우가 많아 참고할 만한 기존의 시스템이 없는 것이 일반적이다. 많은 경우에 이러한 전략적 정보시스템은 아주 새롭거나, 그 기업에 생소한 정보기술에 바탕을 두고 있다. 이런 현상은 높은 운영적 위험(operational risk)이 경쟁우위의 확보를 기업에 가져다주기 위하여 구상된 정보시스템에 수반된다는 것을 의미한다.

하지만 전략적 정보시스템이 기술적으로 성공을 하였다 하더라고, 이를 구축한 회사에 잠재적으로 부정적인 전략적 영향을 미칠 수도 있다. 즉 전략적 정보시스템 프로젝트의 실패가 아니라, 성공적으로 구축된 전략적 정보시스템이 기업이 속한 산업 구조와 기업의 전략적 입지에 예상치 못한 영향을 끼침으로써 기업에 전략적 불이익을 초래할 수도 있다는 것이다. Vitale은 아래와 같이 이들 전략적 정보시스템과 관련된 잠재적 위험과 이를 평가하는 방법을 제시하고 있다.

① 전략적 정보시스템이 일단 구축되면, 기업은 지속성을 위하여 꾸준한 투자를 하여야 한다. 한정된 자원을 가진 기업은 보다 많은 자원을 가진 경쟁사와 지속적으로 경쟁을 할 수 없을 수 있다. 따라서 전략적 정보시스템으로부터 야기된 초기의 성공이 경쟁적 실패로 변할 수도 있다.

② 정보시스템을 제품의 생산 또는 배송을 위한 주된 수단으로 만듦으로써 기업은 정보시스템 자원을 충분히 활용하지 못했던 경쟁사들에게 주된 사업영역을 개방하는 위험에 처할 수 있다. 즉 기업은 정보시스템을 제품의 생산 또는 배송을 위한 주된 수단으로 활용하는 것을 외부에 노출시킴으로써 경쟁사가 잠재적 정보시스템 자원을 잘 활용할 수 있는 방법을 가르쳐주게 되어 경쟁을 심화시킬 수 있다.

③ 전략적 정보시스템이 반독점 소송을 촉발할 수도 있다. 즉 전략적 정보시스템이 계획한 초기의 목적을 달성하고, 크기와 효과성이 증대됨에 따라 궁극적으로 경쟁사들이 전략적 정보시스템으로 인하여 불공정 경쟁이 야기되었다는 주장을 할 수 있게 만들 수 있다. 이러한 사례는 미국의 United Airlines과 American Airlines의 예약정보시스템에 대하여 경쟁 항공사들이 반독점 소송을 제기한 예에서 찾아볼 수 있다.

④ 전략적 정보시스템에 대한 투자가 단순히 경쟁우위적 관점에서 기대했던 성과를 올리지 못할 수도 있다.

⑤ 전략적 정보시스템을 구축하는 기업은 자사의 고객 또는 공급업자와 긴밀한 관계를 유지하기 위하여 정보기술의 노하우를 제공할 수도 있다.

⑥ 정보기술의 전략적 중요성을 증대시킴으로써 기업은 하드웨어와 소프트웨어 공급업자의 상대적인 힘을 증대시켜 매우 강력한 협상력을 가진 공급업자가 출현할 수 있다.

⑦ 전략적 정보시스템이 매우 성공적일 경우 기업은 자신의 주요 사업 분야가 아닌 정보시스템에 자원과 경영층의 관심을 집중시킬 수 있다.

⑧ 전략적 정보시스템이 고객이 진정으로 필요한 것을 충족시켜줄

수 없을 수도 있다.

⑨ 새로운 전략적 정보시스템에 대한 정보가 조기에 경쟁사에 유출될 수도 있다.

⑩ 기업이 구축한 전략적 정보시스템이 경쟁사에 의하여 쉽게 복제가 되거나, 경쟁사가 상대적으로 적은 투자액으로 동일한 또는 유사한 전략적 정보시스템을 구축할 수도 있다.

⑪ 때때로 필수적인 조직의 변화가 일어나기 전에 전략적 정보시스템이 너무 빠르게 추진될 수도 있다.

⑫ 전략적 정보시스템이 잠재적 신규 진입자에게 한 산업(비즈니스)으로의 진입 장벽을 낮출 수도 있다.

⑬ 기업이 짧은 기간 내에 해산될(와해될) 수도 있는 부적절한 전략적 정보시스템 협정에 참여할 수도 있다.

전략적 정보시스템의 사용을 고려하는 기업은 정보시스템에 의하여 시장에서 기존의 강한 입지가 상승 작용을 할 수 있을 경우에만 전략적 정보시스템이 기업의 경쟁적 입지를 도와줄 수 있다는 것을 이해하여야 한다. 예를 들면 American Airlines이 SABRE 예약시스템을 개발하기 전에 이미 미국의 항공 산업의 선두 기업이었다. 전략적 정보시스템이 기업의 사업적 기능과 통합되지 않으면, 전략적 정보시스템은 그 자체로 큰 가치가 있는 것이 아니다. 앞선 언급된 전략적 정보시스템의 위험은 기업이 전략적 정보시스템을 충분히 이해하고 평가함으로써 잘 관리될 수 있다. 즉 기업은 전략적 정보시스템에 대한 충분한 이해와 합리적인 평가를 바탕으로 이들 시스템과 관련된 위험을 예방할 수 있고, 줄일 수 있고, 통제할 수 있는 적절한 조치를 취할 수 있다. 일반적으로 아래와 같은 지침이 기업이 전략적 정보시스템과 관련된 위험을 줄이는 데 도움을 줄 수 있다.

① 전략적 정보시스템을 구축하려는 의사결정을 하기 전에 전략적 정보시스템이 기업과 산업에 미치는 영향을 평가하라. 제안된 전략적 정보시스템이 기업에 미칠 현재·미래의 전략적 영향이 평가되어야 한다. 제안된 전략적 정보시스템이 산업과 마이클 포터의 경쟁세력 모델에서 제시된 다섯 개의 경쟁세력에 미치는 영향을 평가·추정한다.

② 고객 또는 사용자의 추가적인 또는 변화하는 욕구를 충족시켜줄 수 있는 기능들은 지속적으로 채택하거나 추가함으로써 경쟁사에게 추월당할 수 있는 위험을 줄이는 노력을 하여야 한다.

③ 현재와 잠재적인 경쟁사의 자원과 역량을 신중하게 고려하여야 한다.

④ 최종사용자들에 의하여 개발된 전략적 정보시스템이 회사의 전략과 일치할 수 있도록 정보시스템 정책을 개발하고 홍보하여야 한다.

⑤ 전략적 정보시스템을 개발하는 데 있어 일반 경영층, 사용자 관리층, 그리고 정보시스템 전문가들 사이에 기술적인 동반자 관계를 증진시켜야 한다.

⑥ 전략적 정보시스템의 성공에 필수적인 요건인 최고경영층의 헌신과 지원을 확인하라. 경우에 따라서는 전략적 정보시스템이 기업이 사업을 하는 방법에 커다란 변화를 가져올 수 있으므로, 최고경영층이 반드시 참여하여야 한다. 최고경영층의 참여는 자원 할당과 관련하여 조직 내의 전략으로 인하여 전략적 정보시스템의 기회가 밀려나는 것을 방지할 수 있다.

⑦ 새로운 형태의 전략적 정보시스템의 선두 주자가 될지언정 추종자가 되는 위험을 피하여야 한다.

⑧ 기업의 문화가 혁신적인 아이디어를 실험하고, 즐기고자 하며,

실수와 실패로부터 배우고자 하는지 확인하여야 한다.

⑨ 내부 정보기술 지식과 정보시스템 역량 및 정보시스템(거래처리 시스템, 경영정보시스템)을 기반으로 전략적 정보시스템을 구축한 후에, 구축한 전략적 정보시스템의 플랫폼을 외부적으로 확장하여야 한다.

⑩ 정보시스템에 정통한 모든 고객(사용자)을 포섭하려고(내편으로 만들려고) 하지 말아야 한다.

## 7. 지속적 경쟁우위

기업은 경쟁우위를 획득하고 이를 지속적으로 유지하기 위하여 전사적 품질관리, 비즈니스 프로세스 재구성, 신제품의 개발, 새로운 비즈니스 모델, 가치사슬의 본원적 또는 지원적 활동의 개선, 전략적 정보시스템의 활용 등 다양한 노력을 기울이고 있다. 기업은 이러한 노력을 효과적으로 수행하기 위하여 앞서 소개된 것과 같은 전략적 정보시스템의 활용을 적극적으로 고려하여야 할 것이다.

앞의 사례에서 여러 산업에서 다양한 형태의 전략적 정보시스템이 기업의 경쟁우위 전략의 성공적 실행을 위하여 사용된 것을 보았다. 그러나 기업이 급변하는 환경 하에서 지속적으로 경쟁우위를 확보하기 위해서는 성공적인 전략적 정보시스템이라도 환경 변화에 따라 계속해서 개선·발전시키려는 노력을 하여야 한다. 이와 함께 기업의 모든 구성원이 환경 변화가 기업에 미치는 영향과 시사점을 파악하며, 전사적인 관점에서 이에 효과적으로 대응할 수 있는 방법을 찾는 노력을 기울여야 한다.

## ❑ 마무리 사례 – 1

### '보험금 익일 지급'… 애플랙의 애자일 혁신 사례

사실 보험(insurance)은 확약(assurance)과 크게 다를 것이 없다. 총 자산 1,200억 달러 규모의 보험사 애플랙(Aflac)의 CMO 마이클 주나는 다음과 같이 표현했다.

"우리가 판매하는 제품은 만지거나 눈으로 보거나 냄새를 맡을 수도 없다. 우리의 제품은 여러분이 필요할 때 함께 하겠다는 약속에 지나지 않는다. 그리고 청구를 제기하면 제품을 이용하게 된다."

애플랙은 4일 이내에 업무를 처리 완료해 고객에 보험금을 지급한다는 목표로 청구 과정을 재정립한 바 있다. 그리고 2014년 이 기업은 실제로 600만 건 이상의 청구건을 평균 2.8일 영업일 이내에 해결했다. 충분히 훌륭한 성과였지만 이 기업은 좀더 나아갔다. 지난 해 초 기업 경영진은 이런 청구 과정을 하루 만에 처리한다는 구상을 시작했던 것이다.

주나에 따르면 오늘날의 시장에서 고객들은 자신의 원하는 브랜드로부터 익일 서비스를 받고 싶어한다. 그는 이런 점을 염두에 두고 CIO 줄리아 데이비스 및 CAO(Chief Administrative Officer) 래리 다니엘과 함께 '고객들의 기대치를 고려하여 고객들에게 더욱 신속하게 보험금을 지급할 수 있는 방법이 존재하는지 여부'에 관해 논의를 시작했다고 전했다.

데이비스는 "이미 청구 처리부문에 있어서 업계 선두주자였다. 그럼에도 불구하고 더 빠른 속도를 원한다는 사실에 놀랐다"라며, 그러나 그녀의 팀은 애플랙의 청구 기술을 최적화할 수 있는 방법을 모색하기 시작했다고 전했다.

논의 결과 이 기업은 자동화된 청구 판정을 위해 21개의 애플리케이션을 수정하고 새로운 규칙을 수립해야 했다. 또 IT 부서의 표준 워터폴(Waterfall) 방법론을 이용하려는 초기 계획은 이해에 너무 많은 시간이 소요될 것으로 관측됐다. 데이비스는 "창의성이 필요했다"라고 말했다.

속도를 높이기 위해 데이비스의 그룹은 애자일 개발 방법을 사용하기로 결정했다. 이 프로젝트는 애플랙이 애자일 방식으로 처리한 최대 규모이기도 했다. 그들은 여러 부서를 종합한 팀을 꾸리고 프로젝트에 전담 투입했다. 전반적인 아키텍처를 완성한 후 그들은 프로젝트를 분할해 신속한 지불을 위한 애플랙의 은행 통합 등 복잡한 문제를 해결하기 시작했다. 그리고 나서 그들은 직원들의 청구에 대하여 시범 프로젝트를 진행했다.

데이비스는 "조직이 이 새로운 애자일 모델로 일하도록 하는 것이 가장 어려운 부분이었다. 하나의 팀을 다른 팀과 완전히 격리되어야 하곤 했다. 처리하고 싶지만 보류해야 하는 것들이 있었다."라고 말했다.

애플랙은 지난 2월 마침내 적절한 청구에 대하여 1 영업일 안에 지불을 수신, 처리, 승인, 실행하는 익일 결제(One Day Pay) 계획을 발표했다. 4월 초 현재 애플랙은 26만 건 이상의 청구를 익일 결제로 처리했다. 성공률은 100에 가까웠다. 개인 청구 중 70%에 해당하는 비중이었다. 주나는 "우리에게 있어서는 엄청난 경쟁적 이점이다. 판매량이 증가할 것으로 기대된다"라고 말했다.

데이비스에 따르면 추가적 이점도 있었다. 그는 "우리는 우리가 10가지를 동시에 이루려고 노력할 때 더 빠르게 업무를 처리할 수 있다는 사실이 증명됐다"라며, 그 결과, 나머지 IT 조직은 현재 애자일 방식 도입 확대를 모색하고 있다고 전했다. ciokr@idg.co.kr

<http://www.ciokorea.com/interview/25209> 2015.6.22.

## ❑ 마무리 사례 – 2

### 뱅크오브아메리카의 고객 경험 개선 사례

뱅크오브아메리카가 고객 서비스를 개선하기 위해 온라인 실시간 동영상 채팅, 대면, 모바일 채널을 시험해 보고 있다.

뱅크오브아메리카(BoA)에는 고객과의 상호작용과 고객의 기대치를 비교해 고객 경험을 측정하는 간단한 평가표가 있다. 하지만 간단하다고 해서 쉬운 것은 아니다. BoA의 전자상거래, 아키텍처, 고객 분류 기술을 담당하는 매니징 디렉터 하리 고팔크리슈난은 "소비자들이 다른 은행뿐 아니라 모든 종류의 기업에 대한 자신의 경험을 평가하는 것이다"라고 밝혔다. "소비자는 애플, 아마존, 프리미엄 고객 서비스 조직과 우리를 비교하고 있다"라고 고팔크리슈나는 설명했다. 그에 따르면, 이 평가는 소비자들에게도 상당한 스트레스가 된다고 한다.

지난 2년 동안, BoA는 채널 전체에 대한 고객 경험을 개선하고자 새로운 고객 대면 기능을 도입하고 백엔시 시스템을 재고했다.

지난해 4월 BoA는 텔러어시스트(Teller Assist)와 함께 ATM을 도입했다. 텔러어시스트란 고객이 원하면 언제라도 수표를 현금으로 교환해주는 것으로, 보통 이런 업무는 고개들이 창구 직원을 통해 요청하기 때문에 은행의 업무 시간 중에서만 가능한 것이었다.

거래 중에 도움이 필요하면, 소비자들은 비디오 창구를 이용하면 된다. BoA의 소비자 뱅킹 기술 담당 임원인 스티브 비스티는 "은행에는 모바일이나 온라인 뱅킹 같은 셀프서비스 채널과 컨택센터나 대면 창구 직원 같은 보조 채널이 있다. 텔러어시스트는 이 두 채널을 함께 이용하는 것이다"라고 강조했다.

이 은행의 고객 서비스 컨설턴트 미카 솔로몬은 "오늘날의 은행 고객은 전통적으로 전화나 지점 방문이 필요한 거래도 디지털 채널 거래를 통해 처리하고 싶어한다"라고 말했다. "은행들도 이 정도는 인지하고 있을 것이다. 은행들은 고객을 가장 잘 대접하는 서비스 업계 1위 기업들을 벤치마킹하면서 인간적인 접촉이 필요한 고객들에게 투자해야 한다"라고 솔로몬은 강조했다.

BoA에서 하이브리드 기술은 지난해 8월 뉴욕 맨하탄에 최초로 문을 연 무인창구인 '익스프레스 센터(express center)'를 구현했다. 하지만 문제들도 있었다. "고객들은 당연히 거래중에 실제로 창구 직원이 어느 정도 일하고 있다고 생각한다"라고 비스티는 말했다. 동영상 채팅으로 문의하는 것은 까다로운 일이었다. 네트워크로 데이터를 보낼 때 뭔가 잘못되면, 보통 소비자들은 다시 재전송한다. 하지만 재전송은 실제 동영상 채팅을 왜곡시킬 수 있다고 그는 전했다. "이것은 매우 복잡한 조정이 필요한 작업이다"라고 그는 덧붙였다.

게다가 논란도 있다. 전통적인 창구 담당자들이 최근 뉴욕에서 기계가 창구 직원들의 일자리를 위협한다며 텔러어시스트 ATM을 반대하는 시위를 벌였다. 비스티는 "은행이 고객에게 선택권을 주고 싶어한다"며 "창구는 계속해서 중요한 역할을 담당할 것"이라고 덧붙였다.

BoA가 제공하는 다른 새로운 고객 기능들을 보면, 줄곧 전화나 모바일 기기를 통한 온라인 활용가능한 옵션으로 채널을 나눴다. 이제 고객들은 지점에서 사탕을 먹으며 기다리는 게 아니라 고객들이 왜 온라인 채팅을 요청했는지를 알고 있는 직원들을 태블릿으로 만날 수 있다고 고팔크리슈난은 말했다.

모바일 고객이 왜 이런 비용이 청구됐는지 모르겠다면, 일반적으로 설명을 듣기 위해 직접 전화해야 할 것이다. 현재 BoA는 해당 고객인지를 인증하고 그 고객에게 콜센터 직원을 연결시켜주는 모바일 렛스토크(Let's Talk) 버튼을 테스트하고 있다. IT는 음성 패턴을 실시간 분석을 사용해 전화나 앱으로 고객을 인증하는 시스템도 시범 적용하고 있다.

비스티는 언젠가는 은행이 전 채널로 고객과 지속적으로 대화할 것이다라고 말했다. 그의 목표는 고객들이 절대 자신을 반복해서 말할 필요가 없도록 하는 것이라고 한다. ciokr@idg.co.kr

<http://www.ciokorea.com/interview/19646> 2015.7.14.

## ❏ 마무리 사례－3

### "클라우드는 자이언트 킬러" 한 콜센터 기업의 사례

라틴 아메리카에 소재한 한 콘택트 센터 서비스 업체는 클라우드 컴퓨팅을 통해 경쟁력을 확보할 수 있다고 믿고 있다.

레이 발렌틴(Ray Valentine)이 20년 전 콜센터 서비스 공급자를 위한 관리 기술을 처음 구현하기 시작했을 때로 돌아가보자. 그때만 하더라도, 모든 일을 스스로 해야만 했다.

발렌틴은 "오래되고, 크고, 내부 기반인 어바이어 솔루션을 다뤄야 했다. 전용 팀을 지정해, 인프라 일체를 관리, 설치, 구성해야 했다. 그런 후, 데이터센터와 이들 시스템을 지원하고 유지하는데 필요한 인프라 일체를 구현해야만 했다"고 말했다.

이런 환경은 적응성이 떨어졌다. 또 이중화를 적절히 구현하지 않을 경우 신뢰성도 낮다. 아울러 많은 자본 투자가 필요하다. 결국 자본력을 갖춘 대기업들이 콜센터 산업을 지배하는 결과를 불러왔다.

### 1) 클라우드 도입

현재 콜센터 운영업체 KM2 솔루션스(KM2 solutions)의 CIO인 발렌틴은 클라우드를 적극 활용하고 있다. 아틀랜타에 본사를 두고, 카리브해 및 중앙 아메리카 국가에서 현지 에이전트를 통해 인력을 채용 콜센터를 운영하고 있는 KM2 솔루션스는 4년 전 인컨택트(InContact)의 호스팅 기반 컨택트 센터 소프트웨어를 도입한 얼리 어답터 기업이다.

발렌틴은 "전략적으로 클라우드를 크게 중시하고 있다. 우리는 내일 당장 추가로 100개 시트가 필요하다고 요청을 했을 때 '예'라고 대답을 할 수 있는 그런 클라우드 공급자를 원했다"라고 말했다.

과거 KM2는 호스팅 방식의 인프라와 내부 기반의 소프트웨어를 결합하려고 했지만 성공하지 못했다. 확장성과 신뢰성 문제를 직면했기 때문이다. 게다가 많은 공급업체들이 클라우드 서비스를 제공한다고 말하고 있지만, 진짜 클라우드는 아니었다.

발렌틴은 "내부 기반의 레가시 솔루션을 가져와 클라우드와 유사하게 만들뿐이다. 제대로 된 공유 인프라 환경 위에 구축하지는 않는다. 이 경우, 원하는 기능 사용에 제약이 생긴다. 무언가를 실행시키면 공유된 하드웨어의 다른 누군가에 영향을 미치기 때문이다"라고 말했다.

KM2는 필요에 따라 계약해 확장을 할 수 있고, 여러 수직 산업에 서비스를 제공할 수 있는 완전한 기능을 갖춘 소프트웨어가 필요했다. 참고로 이 회사의 가장 큰 틈새 고객 시장은 자동차 대출업체와 신문사들이다.

발렌틴과 그의 팀은 클라우드로 이전을 하고나서야 고객 차별화 요소에 집중을 할 수 있었다. 그전에는 통신 서비스 공급업체를 관리하고, T1 주문과 관련된 업무를 주로 처리했어야 했다. 현재 그는 PBX나 라우터 관련 업무를 처리하기보다는 고객들의 소셜 미디어 전략 및 멀티채널 통신 전략을 지원하고 있다.

콜센터 산업에서는 아직까지는 많은 기술 분야 책임자들이 기술 관련 업무에서 손을 놓고 싶어하지 않는다. 이런 점에서 흔치 않은 사례이기는 하다. 발렌틴은 "나는 동종 산업 동료들과 많은 이야기를 나누고 있다. 이들은 통제권을 잃어버릴까 두려워하고 있다"라고 말했다.

### 2) 손에 쥐고 있던 기술을 놓는 방법을 터득

발렌틴은 "벤더와 아주 좋은 관계를 유지해야 한다. 그러나 많은 콜센터 공급업체들이 레가시 기반의 '비용의 늪'에 빠져있다. 이전을 하기에는 비용적 제약이 많은 것이다. 또 일부 CTO의 경우 특히 T1과 관련한 전문성을 놓는데 어려움을 겪고 있다"라고 말했다.

KM2는 클라우드로의 이전을 통해, 남부 카리브해 국가로 3개 콜센터를 빠르게 확장할 수 있었다. 최근에는 영어와 스페인어 서비스를 제공할 수 있으며, 대학 재학 이상의 인력이 많은 온두라스에도 콜센터를 설립했다.

발렌틴은 "우리는 경쟁력 있는 급여와 업무 환경을 제공하고 있다. 미국에서는 콜센터 일자리가 다음 단계로 도약하기 위한 일자리로 간주되는 경우가 많다. 그러다 보니 이직률도 상당하다"라고 말했다. 미국 콜센터의 이직률을 100%로 상정하면, KM2의 카리브해 및 중앙 아시아 콜센터 이직률은 25%에 불과하다.

또 클라우드는 KM2가 규모가 큰 경쟁업체와 경쟁을 할 수 있도록 돕고 있다. 대형 은행이나 기술 회사 등 포천 500대 기업 일부는 여전히 3만 명 이상의 직원을 채용한 대형 콜센터 공급업체를 선호한다. 그러나 KM2를 대안으로 간주하고 있는 곳도 있다. 주로 필리핀과 인도에서 오프쇼어링을 하고 있는 회사들이다.

발렌틴에 따르면 가격 경쟁력이 확보됐으며, 기업 본사 책임자들이 더 신속하게 운영을 할 수 있다는 사실을 깨닫기 시작했다. 발렌틴은 "클라우드는 '자이언트 킬러'다. 100%의 통화 녹음, 스크린 캡처, 첨단 IVR, CTI 통합 등 대형 클라이언트에 필요한 제품을 살 능력이 있는 대기업에서만 사용이 됐었다. 이들은 장기간 계약을 체결해야 하는 값비싼 툴이었다. 그러나 중소기업들이 클라우드 솔루션을 도입해 대기업과 경쟁을 할 수 있게 됐다"라고 말했다.

발렌틴은 고객들이 클라우드 기반 소프트웨어를 '잘' 수용하고 있다고 말했다. 약 절반이 클라우드 기반 소프트웨어를 수용하고 있다. 나머지 절반은 KM이 독자 소프트웨어를 기반으로 서비스를 제공할 것을 요구하고 있다.

이 경우, KM은 고객사 내부 콜센터를 대상으로 '챔피언 챌린저(Champion challenger)'를 제안하고 있다. 고객들이 아웃소싱 콜센터 공급자로 하여금 내부 담당자와 경쟁을 하도록 한 후, 핵심 성과 지표를 확인하는 방식이다.

발렌틴은 여전히 클라우드 기반 시스템의 미래에 더 큰 가치를 부여하고 있다. 그는 "장점이 단점을 크게 능가한다. 기반이 아닌 고객에게 전달하는 서비스 기능과 품질에 초점을 맞출 수 있도록 해주기 때문이다"라고 말했다. ciokr@idg.co.kr

<http://www.ciokorea.com/interview/17608> 2015.7.16.

# 05 | 전략적 정보시스템 사례

기업은 경쟁우위 전략을 효과적으로 실행하기 위한 방법으로 전략적 정보시스템(strategic information systems)의 개발 및 활용을 고려해 볼 필요가 있다. 전략적 정보시스템은 기업이나 기업의 특정 부서의 경쟁우위 전략을 지원할 수 있는 정보시스템으로서, 비즈니스가 행하여지는 방법을 획기적으로 바꿀 수 있는 잠재적인 능력이 있는 정보시스템으로 정의된다. 다양한 형태의 전략적 정보시스템을 사용하여 경쟁우위를 획득한 사례들을 아래의 여러 산업에서 찾아볼 수 있다.

# 1. 항공 산업

## 1) American Airlines의 SABRE(Semi-Automated Business Resarch Environment)시스템

아메리칸 항공사(American Airlines)는 1960년대에 약 3억 5천만 달러를 투자하여 항공·호텔·렌트카 예약시스템인 SABRE시스템을 개발하였다. 아메리칸 항공사는 SABRE시스템을 통하여 항공·호텔·렌트카에 대한 포괄적인 정보를 미국 전역에 있는 여행사에 제공하였다. 경쟁사로부터 SABRE시스템과 유사한 예약정보시스템을 개발하려는 시도가 있었지만, 아메리칸 항공사는 SABRE시스템을 통한 항공·호텔·렌트카에 대한 포괄적인 정보 제공으로 인하여 지속적으로 시장을 지배할 수 있었다. 그 이후 대부분의 경쟁사들은 자체 예약정보시스템을 개발하는 대신에 아메리칸 항공사의 SABRE을 사용하게 되었다.

지속적인 경쟁우위를 위해서는 성공적인 전략적 정보시스템이라도 꾸준한 투자 및 비즈니스 환경 변화에 효과적으로 대처하여야 한다. 아메리칸 항공사는 SABRE시스템으로 인하여 상당히 오랜 기간 동안 항공업계에서 경쟁우위를 획득할 수 있었다. 하지만 아메리칸 항공사는 인터넷의 출현으로 변화된 비즈니스 환경에 효과적으로 대응하기 위하여 SABRE시스템을 웹기반의 Travelocity.com로 발전시켜 여행사뿐만 아니라 일반 대중에게 예약정보서비스를 제공하고 있다.

## 2. 금융 산업

### 1) CMA(Cash Management Account)시스템:

Merrill Lynch사는 여러 가지 금융 서비스를 하나로 묶어 통합 관리하는 종합자산관리(cash management account: CMA)시스템을 업계 최초로 소개하였다. 그리고 Merrill Lynch사는 CMA서비스에 대한 특허를 부여받음으로써 7년 동안 독점적으로 종합자산관리서비스를 고객들에게 제공할 수 있었다. Merrill Lynch사는 차별화된 CMA서비스를 통하여 많은 신규 고객을 확보할 수 있었으며, 자산관리 사업에 있어 경쟁우위를 획득할 수 있었다.

### 2) 자동인출기(Automatic Teller Machine : ATM)시스템

미국의 Chemical Bank는 1969년에  New York주 Rockville이라는 도시에서 금융업계 최초로 ATM서비스를 제공하여 하루 24시간, 주 7일 금융거래가 가능하도록 하였다. 당시 ATM서비스는 예전에 없었던 혁신적인 서비스로서 금융서비스에 대한 새로운 패러다임을 제시하였으며, Chemical Bank는 ATM서비스로 인하여 금융업에서 커다란 경쟁우위를 획득할 수 있었다.

## 3. 운송 산업

### 1) UPS(United Parcel Service)의 Package Tracking System

미국의 택배전문회사인 UPS는 업계 최초로 패키지 추적시스템을 개발하여 고객들에게 무료로 택배정보를 제공하였다. UPS는 고객들이 추가적인 비용 부담 없이 운송을 부탁한 물품에 관한 정보를 UPS의 웹사이트를 방문하여 실시간으로 파악할 수 있도록 함으로써 고객의 만족도를 높일 수 있었다. 패키지 추적시스템의 개발로 인하여 UPS는 보다 많은 충성 고객을 확보함으로써 시장에서 경쟁우위를 확보할 수 있었다.

## 4. IT서비스 산업

### 1) CIMBA at Infosys Technologies Ltd. – Sales & Service Support

Infosys Technologies Ltd.는 세계에서 가장 수익성이 높은 IT서비스 회사 가운데 하나이다. 이 회사는 고객과의 의사소통 향상과 협조(collaboration)를 원활하게 하기 위하여 CIMBA(Customer Information Management By All)이라는 고객관계관리시스템(customer relationship management systems)을 개발하였다. 이 시스템의 개발로 Infosys Technologies Ltd.는 전방(front-end)판매시스템과 후방(back-end delivery)데이터베이스 시스템을 물샐틈없이 통합함으로써 자사의 IT솔류션 역량을 더욱 강화시킬 수 있었다.

Infosys Technologies Ltd.는 CIMBA를 개발하기 2년 전에 고객접촉관리(customer contact management)와 판매팀의 기회추적(opportunity tracking)필요

성을 지원하기 위하여 CRMX라는 고객관계관리시스템을 도입하였다. Infosys Technologies Ltd.는 자사의 고객접촉 데이터베이스의 중앙저장소를 마련하여 판매팀이 잠재고객을 효과적으로 공략하고, 현지 판매팀(onsite sales team)과 해외 서비스제공팀(offshore delivery teams) 사이의 정보공유를 물샐틈없이 하고 고객의 필요(needs)에 보다 잘 대응하기 위하여 CRMX를 구축하였다. Infosys Technologies Ltd.는 CRMX를 활용함으로써 주문생성 및 처리과정의 모든 단계에서 의사소통과 지식공유를 원활하게 함으로써 상승효과(synergistic benefits)를 가져올 수 있었다. 또한 Infosys Technologies Ltd.는 CRMX가 자사의 증대되는 정보필요성을 충족시켜줄 수 있도록 쉽게 확장될(scalable) 수 있을 것으로 기대한다.

CRMX는 좋고 견고한 시스템이었지만, 특히 판매부서 사용자들의 기대를 충족시켜주지 못하였다. 특히 CRMX의 주된 사용자인 사업개발(business development) 관리자들이 CRMX이 사용하기 어렵고 성가시다고 생각했다. 게다가 CRMX는 고객을 응대하는 현장에 있는 판매원과 해외 서비스제공자(delivery personnel)사이의 실시간 정보공유를 가능하게 할 수 없었다. 따라서 전화, 팩스, 그리고 이-메일이 고객의 사무실에 있는 직원과 세계의 다른 지역에 있는 판매사무소 요원 사이의 의사소통과 정보교환을 위한 주된 수단으로 계속해서 사용되었다. 결과적으로 멀리 떨어진 곳에서 업무 수행 중인 판매직원은 연결이 되지 않고 고립되었다고 느끼게 되었고, 종종 자신들을 외로운 전사라고 불렀다.

CRMX는 판매지원용 시스템이었으며, 웹에서 구동되지 않는 시스템이었다. 대부분의 CRMX 사용자는 빈번하게 이동하고, 소규모 사무실에 기반하고 있었다. 따라서 이동이 잦은 사용자는 CRMX를 효과적으로 사용할 수 없었다.

Infosys Technologies Ltd.는 새로운 고객관계관리시스템이 통합된 서비스를 용이하게 하고 지원해줄 수 있어야 하며, 모든 이해관계자에게 접속이 허용되며, 사용이 직관적이고 쉬워야 한다는 것을 시스템개발의 주요 원칙으로 세웠다.

### 2) CIMBA의 효과

Infosys Technologies Ltd.는 CIMBA의 주요 목표로 수익창출, 위험 감소, 그리고 고객과의 상호작용 과정(process)을 개선하는 것으로 설정했다. Infosys Technologies Ltd.에 있어 CIMBA의 영향을 측정하는 가장 중요한 지표는 평균 관계 규모(average relationship size)이다. - 개개의 고객으로부터 야기되는 수익규모.

Infosys Technologies Ltd.는 적절하지 않게 승인된 프로젝트에서 많은 손실을 입었다. 따라서 프로세스 통제를 개선함으로써 이러한 손실을 줄일 수 있었다. 나아가 CIMBA 기반의 업무프로세스 통제가 고객을 상대하는 직원들의 업무에 있어 새로운 단계의 프로세스 준수(process compliance)를 용이하게 하여 판매와 수익의 예측성을 크게 향상시킬 수 있다. 그리고 Infosys Technologies Ltd.는 CIMBA를 구축함으로써 더 많은 교차판매(cross-selling)기회를 포착할 수 있게 되어, 수익을 증대시킬 수 있었다.

Infosys Technologies Ltd.는 CIMBA를 통하여 관리자에게 현장 활동과 예측 과정을 상세히 알 수 있게 하였다. 그리고 CIMBA는 고객서비스 사슬 전반에 걸쳐 연결성과 가시성을 향상시킬 수 있다. 따라서 잠재고객에 대한 보다 나은 targeting과 follow-up, 고객의 질문에 대한 응대의 질과 속도 개선, 해외 관리자들이 고객과 시장의 변화에 대하여 보다 나은 감각을 가질 수 있었으며, 판매 및 배송 팀 사이의 의사소통 및 협조가 원활하게 이루어지게 되었다.

## 5. 의료 산업

### 1) Eastern Cardiology Services(ECS)

많은 의료정보시스템은 상당한 재정적 투자가 필요하기 때문에 소규모의 의료기관에서 쉽게 도입할 수 없는 현실이다. 하지만 정보기술과 고객전략의 신중하고 철저한 정렬(alignment)과 함께 정보기술을 효과적으로 활용하려는 전략적 제휴 네트워크를 통하여 의료정보시스템의 도입 및 활용을 가능하게 할 수도 있다.

호주 소재의 한 소규모 심장전문(자문서비스) 의료기관은 한정된 정보기술 투자에도 불구하고 전략적 제휴 네트워크에 바탕을 둔 의료정보시스템을 통하여 경쟁우위를 확보한 예를 보여주고 있다. 이 사례는 전략적 정보시스템으로부터 경쟁우위를 확보하기 위하여 정보기술과 전문분야(의료)지식을 가진 시스템 옹호자들과 호혜(mutual benefits)의 정신이 정보시스템의 기대효과를 가져오는데 얼마나 중요한 가를 보여주는 예라고 할 수 있다.

### 2) 배경

전문화된 의료자문 분야에 있어 의료기술은 의료기관의 미래의 사업 성공을 결정하는 데 있어 중요한 역할을 하고 있다. 그리고 모든 의료 분야에 있어 기술은 임상 의사들이 보다 정확한 진단과 임상 과정(clinical process)에서 보다 효과적으로 환자를 돌볼 수 있게 해주고 있다. 의료기술뿐만 아니라 정보기술 역시 의료전문가들이 더욱 효과적으로 환자에게 의료서비스를 제공하는 데 커다란 도움을 주고 있다. 다양한 종류의 정보기술 애플리케이션들이 병원, 클리닉 등의 의료기관에서 효과적인 정보관리를 위하여 사용되고 있다.

정보시스템이 클리닉이나 의료기관에서 중요한 역할을 하고 있음에도 불구하고, 이들 정보시스템들이 독자적으로 운용되거나 보다 나은 의사결정을 지원하기 위하여 다른 의료 및 진료기술들과 효과적으로 통합되어 있지 못한 경우가 많다. 그리고 정보시스템의 도입에 수반하는 정보기술의 기반시설, 정보시스템 개발, 운영·유지 및 관리에 상당한 비용과 노력이 필요하다.

일반적으로 많은 소규모의 의료기관은 중·소기업과 마찬가지로 유사한 어려움들을 가지고 있다. 즉 많은 중·소기업이 정보시스템이 기업에 많은 효익을 가져다 줄 수 있다는 것을 알고 있지만, 대기업처럼 충분한 자원이나 재원이 있지 않기 때문에, 특히 정보시스템에 대한 기술에 투자하는 것이 부담이 될 수 있다. 이와 마찬가지로 소규모의 클리닉이나 의료기관들 역시 정보시스템에 많은 투자와 노력을 기울일 수 없는 것이 현실이다.

영상의학의 발달, 생물정보공학 및 발달된 진단 기법과 더불어 정보기술은 의료의 질을 향상시키고 의료서비스를 환자의 요구에 맞추어서 제공할 수 있게 하는 커다란 잠재력을 가지고 있다. 이러한 이상을 실현하기 위하여 의료기관은 정보관리, 진단기술 및 환자관리 등과 같은 건강정보학의 여러 분야를 효과적으로 통합할 수 있는 전략을 수립하는 것이 필수적이라 하겠다.

Dr. Jeff Curtin에 의하여 1997년에 설립된 Eastern Cardiology Services (ECS)는 심장학과 초음파 심장검사를 전문으로 하는 사설 클리닉이다. ECS는 혁신적이고 기업가 정신을 바탕으로 의료서비스, 정보 및 의료기술, 그리고 마케팅의 통합을 통하여 보다 나은 의료서비스를 환자들에게 제공하고자 하는 전략적 이상을 실현하고자 하였다.

소규모의 의료기관으로서 기존의 시장에 진입하는 ECS는 경쟁자들과 구분될 수 있는 경쟁우위를 확보할 수 있는 방법이 필요하였다. Dr. Curtin은 의료서비스를 제공하는 데 있어 의료 및 정보기술을 효과적으로 사용함으로써 경쟁우위를 확보할 수 있다고 생각하였다. 즉 Dr. Curtin은 의료기관은 (의료)지식이라는 주된 자원에 의하여 운영되는 서비스 기관이라는 인식을 가지고 전략적 목표를 달성하기 위한 경쟁우위의 수단으로서 정보기술과 지식관리 기반시설을 이용하기로 하였다.

ECS는 규모가 작은 의료기관 이었기 때문에 이들 정보기술과 지식관리 기반시설을 도입하는 데 어려움을 겪게 되었다. 그러나 Dr. Curtin은 ECS가 소규모 의료기관으로서의 융통성과 장점을 유지하면서 소규모의 의료기관이 의료 및 정보기술 도입에 따른 자원 및 재원 문제를 해결하고자 하였다. 이들 자원 및 재원 문제를 해결하기 위하여 Dr. Curtin은 주립대학과 제휴를 하여, 제휴 대학의 교수와 박사과정 학생의 전문지식을 활용하였으며, 교수와 박사과정 학생은 ECS를 현장기반(industry-based) 연구를 하는 대상으로 활용할 수 있도록 하였다. ECS는 제휴 대학과 함께 정보기술 프로젝트를 위한 재정보조를 신청할 수 있었다. 이러한 제휴를 통하여 ECS는 기반시설(infrastructure)을 유지하는 것뿐 아니라 ECS가 성장해 감에 따라 정보기술의 전략적 방향을 구상하는 데 있어 박사과정 학생의 정보기술 전문지식을 활용할 수 있었다.

주립대학과의 제휴를 통하여 개발된 통합 의료정보시스템은 ECS가 정확한 의료정보를 기록·보관·제공할 수 있게 하였다. 그리고 ECS가 필요한 정보를 환자에게 제 때에 제공할 수 있게 됨에 따라 새롭게 설립된 의료기관으로서 ECS가 양질의 서비스를 고객들에게 제공하여 고객으로부터 높은 만족도 평가를 받을 수 있도록 하여 지속적인 경쟁우위를 확보할 수 있게 되었다.

## 6. 바이오기술 산업

### 1) "A" 사 사례

"A"사는 제약과 농업 두 분야를 핵심 사업으로 하는 세계적 생명과학회사로서 의약품, 백신, 치료용 단백질, 곡물 생산 및 보호, 그리고 동물 건강 및 영양물 분야에 있어 혁신적인 제품의 발견과 개발을 통하여 삶의 질을 향상시키는데 기여해 왔다. 또한 이 회사는 유기 및 무기 매개 화합물, 특화된 섬유질, 중합체(폴리머), 제약 및 농업 화합물에 대한 연구, 개발, 생산, 마케팅 및 판매를 하고 있으며, 약 120개국에서 95,000명 이상의 전문가들을 고용하고 있다.

### 2) 문제점

이 회사는 많은 숫자의 기술보고서를 공유네트워크 매체에 저장하고 있으며, 이들 보고서들은 이 회사의 최종 제품의 아주 필수적인 과학적인 세목(specifications)들을 포함하고 있다. 이들 보고서를 활용하기 위해서 연구원들은 자신들이 현재 수행 중인 연구와 관련이 있는지 확인하기 위하여 보고서들을 하나씩 일일이 찾아서 읽어봐야 한다. 관련 자료를 찾는데 낭비되는 시간과 에너지를 고려할 때 때때로 연구원들은 자신들이 스스로 이들 보고서를 작성하는 것이 더 나을 것 같다고 생각하기도 한다.

### 3) 해결책

이 문제를 해결하기 위하여 "A"사는 모든 보고서를 추적하고, 각각의 보고서에 대한 간단한 요약문(synopsis)을 제공하며, 연구원들이 주요어휘(keyword)를 사용하여 검색이 가능하고, 사용자 친화적인 웹기반의 사용자 인터페이스를 통하여 연구원들로 하여금 그들이 원하는 보고서를 찾을 수 있도록 직접적인 연결고리(direct link)를 제공해줄 수 있는 정보시스템을 개발하기로 하였다.

보다 구체적으로 "A"사는 문제해결을 위하여 작성된 개개의 보고서에 대하여 검색 가능한 데이터 저장소를 만들었으며, 이는 연구원들이 보고서가 작성된 날짜, 보고서 연구원, 개발 부서, 또는 키워드의 조합을 사용하여 어떠한 보고서라도 빠르게 찾을 수 있도록 하였다.

## ❑ 마무리 사례 – 1

### 땡큐 태블릿! TGIF의 주문 혁신 사례

마진율 낮은 요식업계에서 식당의 생존은 테이블 회전율에 달렸다. 그럼에도 불구하고 손님을 받는 프로세스는 대개 비효율적이기 짝이 없다.

아직 주문할 준비가 되지 않은 손님들을 맞이한 후, 웨이터들은 계산대와 테이블 사이를 왔다 갔다 하며 손님이 주문을 하기만을 기다린다. 바쁜 시간에는 웨이터, 웨이트리스들이 주방 앞에 모여 서서 주문을 넣으려 기다리고 있는 모습도 보인다. 그리고 이런 비효율성은 손님이 계산을 하려 할 때도 똑같이 발생한다.

TGI 프라이데이가 모바일 기술을 통해 서빙 과정을 효율적으로 재정비했다며 최근 사례를 공개했다.

회사는 웨이터들에게 8인치 태블릿을 배포했다. 윈도우 8.1 OS를 사용한 이 태블릿은 오라클의 마이크로스 레스토랑 엔터프라이즈 솔루션(Micros Restaurant Enterprise Solution) 소프트웨어를 통해 테이블 바로 곁에 서서 주문사항을 입력하고, 결제에 할인 코드까지 입력하는 기능을 갖췄다. 이 모든 것은 테이블 곁에서 손님과 소통하는 동시에 이루어진다.

TGIF는 원래부터 마이크로소프트 솔루션을 이용해 왔으며 태블릿에도 마이크로소프트 운영체제를 사용함으로써 시스템을 좀 더 빨리 배치할 수 있었다고 전했다.

TGIF의 CIO 트립 세션스는 "고객 경험을 떨어뜨리지 않으면서도 종업원들이 좀 더 편하게 자신의 일을 수행할 수 있는 방법을 찾고 싶었다"라고 말했다.

TGIF는 작년 7개 지점에 200개 넘는 태블릿을 배포했다. 회사에 따르면 웨이터들이 이 방식에 익숙해지기까지 시간이 조금 걸렸지만 결국 테이블 회전율이 전보다 더 나아졌다.

이제 계산 때문에 굳이 계산대 앞으로 갈 필요가 없어진 웨이터들은 손님과 대화하면서도 한 손으로 음료나 애피타이저 주문을 넣을 수 있다. 결제 또한 태블릿에서 받을 수 있고 전자 영수증을 제공하기도 한다.

기다리는 시간이 적으니 손님들도 좋다. 태블릿을 도입한 TGI 매장들의 경우 고객 만족도를 반영하는 순 추천 지수(Net Promoter Score)도 2점 가량 증가한 것으로 드러났다.

### 1) 종업원 팁도 증가

종업원들 입장에서도 좋은 점이 있다. 태블릿을 사용하는 덕분에 예전에는 4테이블만 맡을 수 있었던 웨이터들이 이제는 8테이블까지 전담할 수 있게 됐다. 팁도 두 배라는 의미다. 또한 숙련된 직원들(TGIF 자사 알고리즘을 통해 평가한 결과 가장 '업 셀링'에 능숙한 직원)은 손님 한 사람당 평균 주문량을 상승시키기도 했다.

처음 이 방식을 도입했을 땐 주문량이 늘어 주방에서 감당할 수 있을까라는 우려도 있었다. 그렇지만 요리사들 입장에서도 웨이터들이 손님과 대화를 하며 주문을 하나씩 보내 주는 것이 예전처럼 계산대 앞에 몰려 한꺼번에 주문을 왕창 넣는 것보다 더 일하기 편하다고 응답했다.

이 밖에 태블릿을 사용함으로써 새로 들어온 직원들에게 TGIF의 워크플로우를 교육하기도 더 쉬워졌다. 실제로 새로 고용한 직원을 훈련하는 데 들어가는 시간이 절반으로 대폭 줄었다. 세션스는 "요식 업계처럼 이직률이 높은 업계에서 이건 정말 중요한 발전이다"라고 설명했다.

TGIF는 올해 2분기까지 향후 81개 지점에 2,600개의 태블릿을 추가 도입할 예정이다. 이는 전국 TGIF 지점의 50%에 육박하는 숫자다. 그렇게 되면 프랜차이즈가 갖는 장점도 십분 발휘할 수 있을 것이라고 세션스는 강조했다.

그는 "실제로 우리가 효과를 기대했던 모든 분야에서 대단히 긍정적인 결과가 나오고 있다"라고 말했다. ciokr@idg.co.kr

<http://www.ciokorea.com/interview/24825> 2015.6.22

## ❑ 마무리 사례－2

### '빅데이터로 소아암 연구' 시작한 5개의 병원-NGO 이야기

미국의 5개 병원과 드래곤마스터재단은 치명적인 소아질병의 원인에 대한 데이터를 과학자들이 쉽게 사용할 수 있도록 하기 위해 협력하고 있다.

미국의 병원들이 소아 뇌종양이나 그와 비슷한 유전질환 연구에 빅데이터 분석을 사용하면서 상당한 성과를 얻고 있다.

미국 자선단체 드래곤마스터재단(Dragon Master Foundation)은 이 질환에 대한 인식을 높이고 연구에 필요한 생물학적 표본 및 데이터를 얻기 위해 5곳의 전문병원과 협약을 맺었다.

암과 관련한 게놈 데이터는 늘어나고 있지만 비교적 희귀한 축에 속하는 소아 뇌종양의 경우 새로운 치료 방법 개발에서 유전적, 인구학적 정보를 사용해야 한다는 주장에 힘이 실리지 못했던 것이 사실이다.

드래곤마스터재단 설립자 아만다 하독은 지난 4월 <CIO 호주>와의 인터뷰에서 이런 인식을 바꾸고 싶다고 밝혔다. 드래곤마스터재단은 미국 각지에서 커뮤니티 행사를 개최해 소아 뇌종양에 대한 인식을 높이고 최소 5만 개의 게놈 정보가 담긴 데이터베이스를 구축하기 위해 노력해 왔다. 이렇게 만들어진 데이터베이스를 통해 연구원들은 소아 뇌종양과 관련된 유전적, 임상적, 환경적 정보를 공유하고 추가할 수 있다. 이러한 데이터들은 클라우드를 통해 접근할 수 있다.

하독과 그녀의 남편이자 전직 소프트웨어 개발자인 리처드 하독은 다형성 교모세포종으로 투병하던 아들이 세상을 떠난 후 2013년 드래곤마스터재단을 설립하게 됐다.

재단 설립 이후, 소아암 연구를 전문 병원 5곳에서 드래곤마스터재단과 뜻을 같이했다. 여기에 참여한 병원은 필라델피아 아동 병원(The Children's Hospital of Philadelphia), 시카고 앤 & 로버트 H. 로리 아동병원(Ann & Robert H. Lurie Children's Hospital of Chicago), 피츠버그 아동 병원(Children's Hospital of Pittsburgh), 시애틀 아동 병원(Seattle Children's Hospital), 이탈리아 피렌체의 마이어 아동병원(Meyer Children's Hospital)이다.

### 1) 의료진들의 정보 공유가 낳은 효과

5개 병원과 연구진들은 오픈소스 데이터를 통해 소아 뇌종양을 연구하는 연구 프로그램인 소아 뇌종양 조직 컨소시움(Children's Brain Tumor Tissue Consortium)을 조직하기도 했다.

필라델피아 아동 병원 신경외과의 애덤 레스닉 박사는 <CIO 호주>와의 인터뷰에서 지금까지 가장 널리 이용된 데이터 공유 방식은 멀리 떨어져있는 동료 연구원들에게 하드 드라이브 자체를 배송해서 연구 결과를 비교하는 것뿐이었다고 말했다.

"이런 방식은 느리고 비효율적이다. 먼저 데이터를 보내고 협력할 사람을 찾아내야 때문이다. 이런 불편함 때문에 관련 데이터를 수집, 문의, 연구할 수 있는 공간이 필요했다"고 그는 전했다.

현재는 4곳의 연구 기관에서 보내온 1,100개의 소아 뇌종양 조직 표본이 연구에 활용되고 있다. 또 대조를 위해 암세포의 영향을 받지 않은 혈액 유래 게놈 정보도 수집하고 있다. 아동의 부모에게서 채취한 혈액을 통해 유전적 영향이 있는지 알아보는 것이다.

"개개인마다 차이가 매우 크기 때문에 이런 연구는 매우 중요하다. 어떤 사람에게서 암이 발병하고 하지 않는지를 구분해 내기란 매우 어렵다. 이러한 시도는 최근에서야 시작된 매우 특별한 것들이다. 그 동안 우리는 혈액 표본을 채취하는 것이 얼마나 중요한지 알지 못한 채종양만을 채취해왔다”고 레스닉 박사는 설명했다.

레스닉은 이 데이터베이스가 확장 가능해야 한다고 말했다. 시험 연구에 사용하기 위해 약 100테라바이트의 데이터가 저장되어 있으며 앞으로 다른 질병에 대한 연구에도 이 데이터베이스가 사용될 경우 그 규모는 더욱 더 커질 수도 있기 때문이다.

“다른 소아 질병 분야에서 이 데이터베이스를 사용하는 것도 일종의 파트너십이라 할 수 있다. 신경아 세포종, 백혈병을 비롯해 다른 소아 질환 연구에서도 우리와 비슷한 과제들에 직면해 있기 때문에, 우리가 하는 소아 뇌종양 연구가 다른 분야에서도 사용될 수 있다고 생각 한다”고 레스닉은 밝혔다.

현재 드래곤마스터재단과 협력 병원들은 소아 뇌종양 연구에 관심이 없는 연구원들을 설득해 데이터베이스의 범위를 넓히고 이에 대한 접근을 용이하게 만드는 데 참여하도록 하고 있다.

“소아 뇌종양을 연구하다 보면 특정 프로세스와 연관된 변이를 발견하게 된다. 이러한 변이들은 우리가 전혀 예상치 못한 방식으로 다른 암이나 질병 등과도 관계가 있을 수 있다”고 레스닉은 말했다.

“우리는 이러한 프로세스에 관심을 가진 이들을 모아 협력하려는 것이다.”

드래곤마스터재단과 협력 병원들은 현재 불치병이라 알려진 소아 뇌종양 DIPG(diffuse intrinsic pontine glioma)와 근육, 근막, 건, 인대에 뼈 형성이 발생하는 FOP(fibrodysplasia ossificans progressiva) 질병의 변이를 분석, 비교하는 시범 연구를 진행 중이다.

DIPG에서 나타나는 변이가 FOP에서도 나타난다고 레스닉은 전했다.

“어찌된 일인지 이 두 질병 사이에 겹치는 부분이 있다. 두 질병 모두 똑같은 변이를 일으킨다. 하나는 생식 세포 계열에서 발생하는데 이는 돌연변이로 생겨난 것이거나 암이 형성되는 과정에서 알 수 없는 이유로 발생했음을 의미 한다"고 그는 말했다.

이런 사실은 데이터 접근과 공유, 그리고 암 유전학을 연구하는 연구원들이 함께 데이터를 공유할 수 있는 플랫폼이 필요함을 보여주는 사례라고 레스닉은 밝혔다.

드래곤마스터재단과의 협력을 통해 이런 것을 발견할 기회를 얻었다고 그는 강조했다. 그러나 그는 데이터 분석이 전 세계적으로, 더 빨리 확산돼야 한다고 덧붙였다.

"데이터 분석은 아직 초기단계에 있다. 다시 말해 데이터 분석에 통용되는 단 하나의, 공통된 방법은 없으며 여러 가지 방법이 있음을 의미한다"고 그는 말했다.

그는 연구원들이 성인 질병에 대한 데이터만큼 접근하기 쉽지 않은 소아 질환 데이터에 더 관심을 가져야 한다고 주장했다. 소아 질환 관련 데이터를 어떻게 분석하면 좋을지 고민해야 한다는 것이다.

"그렇게 한다면 그 동안 불가능했던 발견들도 가능해질 것이다. 데이터를 좀 더 쉽게 접근할 수 있는 인프라가 중요함을 다시 한 번 알 수 있다"고 그는 말했다.

드래곤마스터재단은 의학 분야 외의 전문가들의 협력도 기대하고 있다. 다른 분야의 빅데이터 전문가들에게 자신들이 사용하고 있는 데이터 분석 방식이 연구 프로젝트에 적합한지 문의할 수 있기 때문이라고 하독은 전했다.

"앞으로 1,2년 내로 다양한 분석 방식을 모색할 '싱크 탱크'를 갖출 수 있게 되기를 바라고 있다"고 하독은 말했다.

레스닉 역시 의료 및 질병 연구에 대한 이러한 비정형적 사고 방식에 장점이 있다고 밝혔다. 예를 들어 NASA의 경우에도 새로운 행성이나 항성을 발견할 경우 이 데이터를 자체 천문 연구 기관에 공개해 분석하게 하기도 한다고 그는 전했다.

"물론 자체적인 생물학 연구만으로 암 완치가 가능하다는 건 아니지만, 이 연구 분야가 우리의 전유물이라 생각하지는 않는다. 오히려 관련 데이터에 대한 접근을 제공함으로써 뜻밖의 새로운 발견이 가능하리라 기대한다"고 그는 덧붙였다. "다른 사람은 보면 안 되는, 필라델피아 아동 병원이나 다른 병원의 연구원들만 접근할 수 있는 데이터가 아니다. 게놈 데이터에 대해 생각할 수 있는 방향과 방식은 다양하다. 정해진 답이란 없다"고 하독은 강조했다.

"어쩌면 가까운 미래에 답을 찾을 수 있을지도 모르지만, 적어도 현재로써는 정해진 답이 없기 때문에 다양한 분야의 사람들이 소아 질환 데이터에 접근하고 이를 분석할 수 있도록 하려는 것"이라고 그는 전했다. ciokr@idg.co.kr

<http://www.ciokorea.com/interview/24116> 2015.7.14.

## ❑ 마무리 사례 – 3

### '빅 데이터로 나무 문제 해결' 뉴욕 시의 사례

콘크리트와 유리로 이루어진 이 도시 정글 뉴욕 시. 얼핏 이해하기 어렵겠지만, 뉴요커들은 나무를 아주 좋아한다. 먼 데서 온 관광객들이야 타임스퀘어 광장으로 떼지어 몰려 할 것이다. 그러나 뉴요커들은 공원이야 말로 뉴욕의 심장이며 영혼이라고 생각한다.

맨하탄의 센트럴 파크, 브룩클린의 프로스펙트 파크, 퀸즈의 플러싱 메도스 코로나 파크, 브롱스의 밴 코트랜드 파크, 스태튼 아일랜드의 그린벨트는 물론 이들 5개 구역 곳곳을 장식한 녹지들과 수백 개의 소규모 공원 모두 여기에 속한다. 물론, 길거리를 따라 길게 늘어선 가로수도 빼놓을 수 없다.

전부 합쳐서 뉴욕 시에는 약 250만 그루의 나무가 있다. 뉴욕 시민들은 나무를 좋아하지만, 뉴욕 시 공원 관리소(City of New York Parks & Recreation) 입장에서는 나무가 큰 골칫거리가 아닐 수 없다. 하지만 빅 데이터가 해답을 제시했다.

데이터카인드(DataKind)의 데이터 대사(data ambassador)인 브라이언 데일산드로는 뉴욕 시 공원 관리소에서 보내오는 나무 가지치기 관련 데이터에 대한 데이터다이브(DataDive) 행사를 담당한 인물이다.

사실 이 문제는 비단 돈 때문만은 아니다. 사람의 목숨이 달려 있는 일이기도 하다. 2009년에서 2010년 사이에 약 11개월 동안 센트럴 파크에서만 4명의 행인이 떨어지는 나뭇가지에 부딪혀 목숨을 잃거나 부상을 당했고, 그 중에는 2010년 6월 나뭇가지에 깔려 목숨을 잃은 생후 6개월의 여아도 있었다.

그보다 1년 전쯤에는 센트럴 파크의 한 떡갈나무에서 100파운드(약 45kg-역주)에 달하는 나뭇가지가 떨어지는 바람에 한 37세 구글 소프트웨어 엔지니어의 두개골에 금이 가고 척추까지 손상된 사건이 있었다.

수목 전문가들은 나무에 가지치기 및 기타 작업을 해 주는 것이 나무를 더욱 건강하게 하고 악천후를 잘 견딜 수 있게 하며 나무로 인한 재산 피해나 부상, 인명 피해를 막을 수 있다고 설명한다. 그러나 이는 상식으로만 알려져 있을 뿐, 이를 뒷받침 할 연구 결과나 데이터는 아직까지 없다고 브라이언 데일산드로는 말했다.

그는 미디어6디그리(media6degrees, m6d) 머신 학습 기반 광고 프로바이더 데이터 사이언스(Data Science)부서의 부대표이며 자원봉사를 희망하는 데이터 사이언티스트와 빅 데이터 관련 문제를 해결하고자 하는 비영리 단체를 연결해주는 데이터카인드의 데이터 대사이기도 하다.

### 1) 기계학습 레버리징 기술에서 인과적 의문에 대한 해답을 찾다

"수년 전, 뉴욕 시에서는 도시 수목을 좀더 잘 관리하기 위해 프로그램을 구성한 적이 있다"고 데일산드로는 말했다. 이 프로그램은 정기적인 가지치기 및 관리 스케줄을 통해 폭풍우나 강풍으로 인한 피해를 줄이는 것이 목표였다.

수년 간, 관련 부처에서는 어느 구역 나무들이 가지치기를 했고, 가지치기한 나뭇가지를 제거하기 위해 몇 번이나 직원을 보내야 했는지 등에 대한 기록을 보관해왔다.

이들은 이 모든 데이터로 완전무장하고 데이터카인드를 찾아와 다음과 같이 물었다. "이번 해에 나무를 가지치기 해주면, 다음 해에는 나무로 인해 입는 피해 횟수가 줄어들까요?"

경험 많은 광고 전문가나 애널리틱스 전문가라면 이 질문이 '인과적 의문(causal question)'임을 눈치챘을 것이다. 인과 분석(causal analysis)는 정식 실험 없이 행하기에는 아주 어려운 분석에 속한다.

데일산드로는 또 이 문제를 대상으로 A/B테스트를 진행하는 것은 사람의 목숨을 가지고 실험을 하는 것과 다를 바 없기 때문에 불가능하다고 지적했다.

하지만 제대로 된 데이터만 있다면 통계학적으로 실험을 재구성해낼 수는 있다고 데일산드로는 말했다. 그는 광고 업계에서 쌓아온 경험을 통해 이에 필요한 기술을 얻었다. 몇 년 전, 데일산드로와 m6d의 그의 팀은 인상 로그(impression logs)를 분석해 파급 효과(causal impact)를 추측하는 방법을 알아냈던 바 있다.

하지만 뉴욕 시의 수목 문제에 접근하는 건 그렇게 단순한 일이 아니었다. 그 동안 아무리 많은 자료를 모아 놓았다고는 해도, 어디까지나 보고하기 위한 목적의 자료 수집이었지 행동으로 옮기기 위한 자료 수집이 아니었기 때문이다.

## 2) 데이터 수집이 핵심

"시에서 모은 데이터는 전혀 유기적이지 않았다. 한마디로, 데이터를 기록할 당시 이들을 하나로 합치는 것에 대해서는 생각해 본 적이 없는 것이다"라고 데일산드로는 회고했다.

예를 들어, 이들 데이터는 단위 크기(granularity)가 전부 달랐다. 과거 가지치기 작업에 대한 데이터는 블록 별로 기록한 반면, 가지치기 잔해를 청소한 것에 대한 데이터는 주소 단위로 기록된 식이었다.

"여기서 가장 큰 문제는 분석의 가장 기초적인 단위를 무엇으로 할 지 정하는 것이다. 통계학자는 세상을 여러 개체들로 나눈다. 단열(single row)에 상응하는 것은 무엇일까? 이들은 각 나무 한 그루에 특정 감정인을 두지 않는다. 할 수 있는 한 자세한 단위로 데이터를 확보하는 것, 그러면서도 넓은 범위의 데이터를 손에 넣는 것, 그리고 그 둘 사이의 균형을 맞추는 일이다"라고 데일산드로는 말했다.

궁극적으로, 이들은 도시의 한 블록을 기본 단위로 정하는 데 합의했다. m6d의 CEO 덕분에, 데일산드로는 업무 시간 일부를 데이터를 다운로드하고, 정리하고, 합치고, 분석하는 데 쓸 수 있었다. 심지어 회사의 고성능 서버 인프라스트럭처를 사용해 집중 모델링을 할 수도 있었다. 그리고 그는 뉴욕 시의 문제에 대한 해답을 찾았다. 나무를 가지치기하면 관련 부처에서 비상시에 직원을 보내야 하는 횟수가 22% 가량 줄어들었던 것이다.

"올 해 가지치기를 한 블록의 경우 내년에 위험 사고 발생 확률이 22% 가량 낮을 것이다. 이렇게 구체적인 정보가 나온 것은 처음이라고들 했다"라고 데일산드로는 말했다.

### 3) 분석을 사용해 리스크 프로파일 만들기

중요한 첫 걸음이긴 하지만, 이 숫자는 시작일 뿐이다. 어쨌거나 뉴욕 시에는 이미 가지치기 프로그램이 있으니 말이다. 하지만 뉴욕 시 같은 대도시도 모든 블록을 해마다 가지치기 하기에는 자원이 부족하다. 때문에 관련 부처에서는 어느 구역을 먼저 가지치기 할 것인지 결정해야 한다.

"우선은 공원 관리소에서 관계자와 상의해 어느 정도의 자원을 투입할 것인지 결정할 수 있도록 베이스라인을 정해야 한다. 두 번째 단계는 '스마트 가지치기' 다. 이들 자체적으로 애널리틱스를 사용해 이제부터는 지금까지와는 다른 질문을 던지고 거기에 대한 해답을 스스로 찾을 수 있도록 해주고 싶다. 1단계는 한 블록의 리스크 프로파일을 만드는 과정이었다. 나무의 개체 수, 종류, 그 블록이 홍수 위험 지역인지, 폭풍 위험 지역인지 등의 정보를 파악하는 것이다. 이런 의문들은 전부 답을 구할 수 있는 것들이다"라고 데일산드로는 전했다.

그는 또, 이제 관련 부처에서는 데이터 인프라스트럭처 투자 및 데이터 수집 작업의 근거가 되어 줄 확실한 자료로 무장하게 되었다고 말했다.

"궁극적으로 이는 뉴욕 시의 가지치기 프로그램을 개선시킬 수 있을 뿐 아니라, 비슷한 가지치기 프로그램을 지닌 다른 도시들에도 적용할 수 있을 것이다"라고 데이터카인드의 창립자이자 전무인 제이크 폴웨이는 말했다. 데이터카인드는 데일산드로와 공원 관리소를 연결해 준 단체이기도 하다.

### 4) 기업의 사회 참여를 돕는 새로운 형태의 선구자 '데이터카인드.'

"양심적인 데이터 사이언티스트, NPO/NGO 전문가, 개혁가 CIO, 그리고 이 문제에 관심 있는 주최자들"로 이루어진 데이터카인드는 데이터를 이용해 인류를 이롭게 하는 것을 목표로 하는 단체다.

예를 들면, 데이터카인드는 레퓨지스 유나이티드(Refugees United) 같은 단체와 협력해 애널리틱스를 이용해 난리통에 서로를 잃어버린 피난민 가족들을 찾아 주는 일을 하고 있다고 폴웨이는 말했다.

폴웨이는 "데이터는 단순히 보고서를 쓰기 위한 자료만이 아니다. 실제로 인도주의적 목적으로도 사용할 수 있다"라고 덧붙였다.

데이터카인드는 정기적으로 '데이터 다이브(DataDives)'라는 주말 행사를 기획한다. 이 행사에서는 명확한 데이터 문제를 가진 세 개의 사회 단체들을 선정해 자원봉사 데이터 과학자와 연결해 줌으로써 데이터 문제를 해결할 수 있도록 돕는다. 물론 100% 비영리 목적으로 진행된다. 뉴욕 시 공원 관리소 역시 데이터다이브를 통해 데이터카인드와 만났다.

이에 덧붙여, 데이터카인드는 파트타임으로 계약 데이터 프로젝트 또는 자원봉사 데이터 프로젝트에서 일하는 정예 데이터 과학자 그룹 "데이터콥스(DataCorps)"를 운영하고 있다.

이들은 특정 데이터 프로젝트에 짧게는 1개월에서 6개월까지도 일한다. 데이터카인드에서 월급을 주기도 하고, 때로는 자신이 일하는 회사에서 스폰서가 되어주기도 한다.

마지막으로, 데이터카인드에는 풀 타임으로 근무하는 데이터 과학자 직원이 있는데 이들은 가장 시급하면서도 영향력이 큰 문제들을 해결한다.

"뉴욕 시 나무 문제를 해결할 때도 주말에 몰아서 하거나 밤에 잠을 못 자고 했던 것이 아니다. 대부분의 일은 직장에서 짬이 날 때마다 했다. 하지만 이는 CEO와 마케팅 부서 사람들의 배려 덕분이었다. 모두 이런 봉사 활동의 취지에 동의했고 좋은 생각이라고 여겼기 때문이다. 내 시간을 몇 주, 몇 달씩 버려가며 하는 봉사 활동이 아니다. 가끔가다 나는 몇 시간을 여기에 투자하는 것일 뿐. 이 과정에서 필요하면 회사의 서비스를 이용할 수 있었고 회사 측에서도 이에 대해 아주 너그러웠다. 우리 회사는 데이터 과학자가 지역 커뮤니티 일에 적극적으로 관여하는 것을 긍정적으로 보았다"라고 데일산드로는 말했다.

그는 이어 "내 생각에 이는 기업의 사회 참여의 아주 훌륭한 표본이다. 더 많은 기업들에서 특정 분야에 기술이 뛰어난 인력을 데이터카인드 같은 곳에 '기부'해 사회단체들(자선 단체든 시민 단체든)을 돕게 한다면, 그것이야말로 가장 훌륭한 기업의 사회 참여라 생각한다. 내가 사기업에서 일하는 한 계속 이 일에 참여하고 싶다"라고 덧붙였다.
ciokr@idg.co.kr

<http://www.ciokorea.com/interview/17254> 2015.7.16

# | 참고문헌 |


Altinkemer, K., Y. Ozcelik, and Z. D. Ozdemir, "Performance Effects of Business Process Reengineering: A Firm-Level Analysis," *Journal of Management Information Systems*, Vol. 27, No. 4, 2011.

Aron, R., E. K. Clemons, and S. Reddi, "Just Right Outsourcing: Understanding and Managing Risk," *Journal of Management Information Systems*, Vol. 22, No. 1., 2005.

Arthur, W. B., "The Second Economy," McKinsey Quarterly, October 2011.

Bhatt, G. D. and V. Grover, "Types of Information Technology Capabilities and Their Role in Competitive Advantage," *Journal of Information Systems*, Vol. 22, No. 2., 2005.

Callon, J. D. (1996). Competitive Advantage Through Information Technology, New York: McGraw-Hill.

Cash, J. J., "Interorganizational systems: An information society opportunity or threat?," *The Information Society*, Vol. 3, No. 3, 1988, p. 199-228.

Chen, D. Q., M. Mocker, D. S. Preston, and A. Teubner, "Information systems Strategy: Reconceptualization, Measurement, and Implications," *MIS Quarterly*, Vol. 34, No. 2., 2010.

Christensen, C., J. G. Harris, and A. K. Kohli, "How Do They Know Their Customers So Well?" *Sloan Management Review*, Vol. 42, No. 2., 2001.

Chatterjee, Debabroto and Watson, Rick, "Infosys Technologies Limited: Unleashing CIMBA," *the Journal of Cases on Information Technology*, 7(4), 2005, pp. 127-142.

Cranor, L. F., "Internet privacy," *Communications of the ACM*, Vol. 42, No. 2, 1999, p. 28-38.

Dennis, A., B. H. Wixom, and B. M. Roth, Systems Analysis Design, 3rd ed. Wiley, 2006.

Drucker, D. F., Managing in a Time of Great Change, New York: Truman Tally Books, 1995.

El Sawy, O., Redesigning Enterprise Processes for E-Business, New York: McGraw-Hill Press, 2001.

Feeny, D., M. Lacity, and L. P. Willcocks, "Taking the Measure of Outsourcing Providers," *Sloan Management Review*, Vol. 46, No. 3., 2005.

Gartner Inc., "Gartner Says the Internet of Things Installed Base Will Grow to 26 Billion Units By 2020," Gartner Inc. 2013.12.12.

Gefen, D. and E. Carnel, "Is the World really Flat? A Look at Offshoring in an Online Programming Marketplace." *MIS Quarterly*, Vol. 32, No. 2., 2008.

Goo, J., R. Kishore, H. R. Rao, and K. Nam, "The Role of Service Level Agreements in Rational management of Information Technology Outsourcing: An Empirical Study," *MIS Quarterly*, Vol.

33. No. 1., 2009.

Haag, S. and M. Cummings (2009). Information Systems Essentials, 3rd ed. International Edition, McGraw-Hill.

Hammer, M. and J. Champy (1993). Reengineering the Corporation, New York: Harper Business.

Hamel, G., "Strategy as revolution',"*Harvard Business Review*, July-August 1996, p. 69-82.

Handy, H., The Empty Raincoat, Hutchinson, London, 1994.

Höller, J., Tsiatsis, V., Mulligan, C., Karnouskos, S., Avesand, S., and Boyle, D., From Machine-to-Machine to the Internet of Things: Introduction to a New Age of Intelligence. Elsevier, 2014.

Jeffrey, M., and I. Leliveld, "Best Practices in IT Portfolio Management," *MIT Sloan Management Review*, Vol. 45, No. 3., 2004.

Kauffman, R. J. and Y. M. Wang, "the Network Externalities Hypothesis and Competitive Network Growth," *Journal of Organizational Computing and Electronic Commerce*, Vol. 12, No. 1., 2002.

Kendall, K. E. and J. E. Kendall, Systems Analysis and Design, 8th ed. Upper Saddle River, NJ: Prentice Hall., 2011.

Kelly, K. New Rules for the New Economy, Viking Press, New York, 1998.

Kim, H. W. and A. Kankanhalli, "Investigating User Resistance to Information Systems Implementation: A Status Quo Bias Perspective," *MIS Quarterly*, Vol. 33, No. 3., 2009.

Koulopoulos, T. and J. Champy, "Building Digital Value Chain," Optimize, Sep. 2005.

Laudon, K. C. and J. P. Laudon, Essentials of Management Information Systems, 10th ed. Pearson, 2013

Lee, P. M. "What's in a name.com?: The effects of ".com" name changes on stock prices and trading activity," *Strategic Management Journal*, Vol. 22, No. 8, 2001, p. 793-804.

Levina, N. and J. W. Ross, "From the Vendor's Perspective: Exploring the Value Proposition in Information Technology Outsourcing," *MIS Quarterly*, Vol. 27, No. 3., 2003.

McFarlan, F.W., and J.L. McKenney, *Corporate Information Systems Management*, Homewood, IL: Richard D. Irwin, 1983.

McFarlan, F. W., "Information technology changes the way you compete," *Harvard Business Review*, May-June 1984, p. 98-110.

McLaren, T. S., M. M. Head, Y. Yuan, and Y. E. Chan, "A Multilevel Model for Measuring Fit Between a Firm's Competitive Strategies and Information Systems Capabilities," *MIS Quarterly*, Vol. 35, No. 4., 2011.

Mintzberg, H. The Rise and Fall of Strategic Planning, Free Press, New York, 1994.

Mintzberg, H. and Waters, J.A., "Of strategies, deliberate and emergent," *Strategic Management Journal*, Vol. 6, 1985, p. 257-272.

Mustafa, Yousif and Maingi, Clara, "Implementing Information Technology to Effectively Utilize Enterprise Information Resources," *the Annals of Cases on Information Technology*, Vol. 4, 2002, pp. 84-102.

Parsons, G.L., "Information Technology: A New Competitive Weapon," *Sloan Management Review,*

Vol. 25, Fall, 1983, pp. 3-14.

Piccoli, G. and B. Ives, "Review: IT-Dependent Strategic Initiatives and Sustained Competitive Advantage: A Review and Synthesis of Literature," *MIS Quarterly*, Vol. 29, No. 4., 2005.

Pine, J. G. II (1993). Mass Customization, Boston: Harvard Business School Press, 1993.

Poon, Simpson, and May, Daniel, "Leveraging IT and a Business Network by a Small Medical Practice," *the Annals of Cases on Information Technology Management*, Vol. 4, 2002, pp. 512-525.

Porter, M. E., Competitive Strategy: Techniques for Analyzing Industries and Competitor, Free Press, New York, 1980.

Porter, M. E. (1985). Competitive Advantage, New York: Free Press.

Porter, M. E. and V. E. Millar, "How Information Gives You Competitive Advantage," *Harvard Business Review*, July/August 1985.

Porter, M. E., "Strategy and the Internet," *Harvard Business Review*, march 2001, p. 64-78.

Porter, M, E. and Millar, V. E., "How information gives you competitive advantage," *Harvard Business Review*, July-August 1985, p. 149-160.

Porter, M. E., The Five Competitive Forces that Shape Strategy," *Harvard Business Review*, 2008.

Rainer, R. K. Jr. and H. Watson, Management Information Systems: Moving Business Forward, Wiley, 2012.

Scott-Morton, M. and T. J. Allen (eds.) (1994). Information Technology and the Corporation of the 1990s, New York: Oxford University Press, 1994.

Sharma, R. A. and P. Yetton, "The Contigent Effects of Training, Technical Complexity, and Task Interdependence on Successful Information Systems Implementation," *MIS Quarterly*, Vol. 31, No. 2., 2007.

Subramani, M. and E. Walden, "The impact of e-commerce announcements on the market value of firms," *Information Systems Research*, Vol. 12, No. 2, 2001, p. 135-154.

Venkatesh, W., M. G. Morris, G. B. Davis, and F. D. Davis, "User Acceptance of Information Technology: Toward a Unified View," *MIS Quarterly*, Vol. 27, No. 3., 2003.

Vitale, M.R., "The Growing Risks of Information Systems Success," *MIS Quarterly*, Vol. 10, No. 4, Dec. 1986, pp. 327-334.

Ward, J. and J. Peppard, Strategic Planning for Information Systems, 3rd ed. Wiley, 2002.

Whitten, J. L., L. D. Bentley, and K. Dittman, Systems Analysis and Design Methods, 6th ed. McGraw-Hill, N.Y.: Irwin, 2004.

Wiseman, C., Strategy and Computers, Homewood, IL: Dow Jones-Irwin, 1985.

Wulf, V. and M. Jarke, "The Economics of End-User Development," *Communications of the ACM*, Vol. 47, No. 9., 2004.